促进我国体育产业发展的财政政策研究

李正旺　著

中国财经出版传媒集团

经济科学出版社
Economic Science Press

图书在版编目（CIP）数据

促进我国体育产业发展的财政政策研究/李正旺著 .
—北京：经济科学出版社，2021.9
ISBN 978 - 7 - 5218 - 2810 - 8

Ⅰ.①促… Ⅱ.①李… Ⅲ.①体育产业 - 产业发展 -
财政政策 - 政策支持 - 研究 - 中国 Ⅳ.①G812

中国版本图书馆 CIP 数据核字（2021）第 183068 号

责任编辑：李一心
责任校对：靳玉环
责任印制：范　艳

促进我国体育产业发展的财政政策研究
李正旺　著
经济科学出版社出版、发行　新华书店经销
社址：北京市海淀区阜成路甲 28 号　邮编：100142
总编部电话：010 - 88191217　发行部电话：010 - 88191522
网址：www. esp. com. cn
电子邮箱：esp@ esp. com. cn
天猫网店：经济科学出版社旗舰店
网址：http://jjkxcbs. tmall. com
北京密兴印刷有限公司印装
710 × 1000　16 开　16.25 印张　210000 字
2021 年 11 月第 1 版　2021 年 11 月第 1 次印刷
ISBN 978 - 7 - 5218 - 2810 - 8　定价：65.00 元
（图书出现印装问题，本社负责调换。电话：010 - 88191510）
（版权所有　侵权必究　打击盗版　举报热线：010 - 88191661
QQ：2242791300　营销中心电话：010 - 88191537
电子邮箱：dbts@ esp. com. cn）

摘 要 ABSTRACT

　　体育产业与人民群众的健康息息相关，与经济发展的活力紧紧相连，是推动"健康中国"战略发展的重要载体，是党和国家领导人长期以来关注的重要领域，是社会发展不可或缺的重要部分。就我国而言，随着市场经济的不断发展和改革开放的持续推进，生产力水平显著提升，综合国力随之增强，人民生活水平也进一步得到提高，财政支出的重心逐步从维持性支出转向经济性支出，再进一步转向社会性支出，且私人投资也逐步开始关注教育、科技、文化、卫生、体育、资源和环境等民生领域。作为民生工程的重要组成部分之一，体育，尤其是体育产业，越来越引起社会的广泛关注。然而，不可否认的是，一直以来，我国的体育产业发展处于相对滞后的状态，尤其是区域之间、城乡之间公共体育服务发展不平衡的现象十分突出。因此，人民日益增长的对体育的需求同当前体育产业发展不充分、公共体育服务发展不平衡的矛盾逐渐成为当前我国体育产业发展的主要矛盾。

为了推动体育产业的发展，满足人们的体育活动需求，国务院办公厅在 2010 年出台了《关于加快发展体育产业的指导意见》，2014 年国务院印发了《关于加快发展体育产业促进体育消费的若干意见》，2018 年国务院办公厅印发了《关于加快发展体育竞赛表演产业的指导意见》，国家体育总局在 2016 年发布了《体育产业发展"十三五"规划》，中共中央、国务院也印发了《"健康中国 2030"规划纲要》，这一系列重要文件的先后制定，有力地推动了我国体育产业的蓬勃发展，同时也标志着作为我国经济发展战略重要组成部分的体育产业迈入了一个全新的历史阶段。

就我国现阶段而言，体育产业不仅是新兴产业，同时也是朝阳产业，已成为国民经济的重要组成部分，在我国国民经济中占有重要地位，其发展前景不可估量，其经济效益和社会效益也有目共睹。然而体育产业就其属性而言，具有混合产品的性质。从私人的层面来看，需要企业提供；从公共的角度来看，需要政府财政的支出。因此，作为政府介入经济的重要手段之一，财政政策对于促进体育产业的发展有着至关重要的作用。基于此，本书以经济增长理论为出发点，以公共产品理论为依托，以经济发展阶段论为根本，以财政分权理论为落脚点，综合考察体育产业与财政政策之间的关系，全面揭示财政政策对体育产业的发展的促进作用，并提出相关对策建议。

在本书的导论部分，重点阐述了研究的背景及意义。在这一部分中，通过详细列举推动体育产业发展的各项政策文件，将体育产业发展的历程梳理展现出来，对我国整个体育产业发展的历史脉络进行把握。通过这个过程，明确了发展体育产业必须把国家体委在 1978 年 1 月召开体育工作会议时提出的将"使我国成为世界上体育最发达的国家之一"作为我国体育产业的奋斗目标，此次会议精神也将在较长的一段时间内扮演着体育工作的指导思想的角色，让体育产业作为第三产业能够不断满足人民群众对体育方面日益增长的需求，同时更快地推动体育强国美好愿景的实现。除此之外，导论中还大量梳理了国内外专家学者对这一问题的研究成果，将促进体育产业发展的财政政策研究历程及最新成果展现出来，一方面总结前人的经验，另一方面也试图发现还没有被前人发现或者已经发现但涉及不深入的研究领域或方向。在这一部分中，主要梳理了以下几个方面的内容：一是国内外学者对体育产业的定义、特征及研究所取得成果的概况；二是体育产业的理论基础。通过梳理总结，得出了九种主要理论作为体育产业发展的理论基础；三是促进体育产业发展的财政政策的类型。当前，促进体育产业发展的财政政策类型可以概括为三种类型：收入型、支出型、其他型；四是我国促进体育产业发展的财政政策存在的问题及优化路径。当前，制约我国体育产业发展的问题涉及财政资金的投入、彩票融资的改进、体育财政的革新、区域发展的协调、财权与事权的匹配等多方面，据此相呼应地梳理出了解决路径及研究思路。导论的最后一部分着重论述了本书的创新点，主要体现在学术思想方面、学术观点方面和研究方法方面的创新。在学术思想方面，以宏观视角构建了促进我国体育事业发展的财政政策体系、基于经济理论优化促进我国体育事业发展的财政政策路径且阐述了财政政策促进体育事业发展的运行机制；在学术观点方面，将理论分析转移到实践层面，分析了我国促进体育产业发展的财政政策优化路径，提出了促进我国体育产业发展的财政政策优化路径；在研究方法方面，建立了测算我国体育产业发展的指标体系，实证分析了财政政策对体育产业的发展影响，同时将财政支出额和财政收入额等财政政策作为自变量，指标体系作为我国体育事业发展的因变量，研究财政政策对我国体育事业发展的影响。

除了导论部分外，从全书的篇章结构来看，本书的研究内容可以从以下三个方面进行了解。

第一，关系阐述，即阐释体育产业发展与财政政策之间的相互关系。要研究促进我国体育产业发展财政政策，首先要研究体育产业与财政政策之间的关系，其次是研究财政政策促进体育产业发展的运行机理，这是研究促进我国体育产业发展的财政政策研究的出发点与立足点。本书第一章研究我国体育产业与财政政策的关系，主要分为四个步骤：一是从财政政策支持体育产业发展的依据入手，从理论与现实两个方面分别进行论证；二是论述财政政策在体育产业发展中的体现，具体包括财政政策在体育产业原则、层次、过程中的体现；三是从体育产业发展中的财政政策实现形式入手，研究体育产业发展中财政政策的指导原则、功能作用以及支持方式的实现形式；四是论述体育产业发展对财政政策的影响，通过论述体育产业的发展过程，丰富财政政策的调整内容、改善财政政策的调整结构、为财政收入提供新的来源、为财政政策的改革提供借鉴等方面具体阐述。第二章从着力点及实现形式的角度揭示了财政政策促进体育产业发展的运行机理。从财政政策促进体育产业发展的着力点和财政政策促进体育产业发展的三种实现途径分别阐述。第一章内容和第二章运行机理环环相扣层层递进，清晰地解释了体育产业发展与财政政策的关系。

第二，效应分析，即分析当前我国采取的促进体育产业发展的财政政策及其产生的政策效应。要研究促进我国体育产业发展的财政政策的政策效应，其核心是研究促进体育产业发展的财政政策和对财政政策的效应分析。本书第三章从四个角度对财政政策进行了阐述，分别是历史沿革、现状、问题、实证分析，详细地论述了我国促进体育产业发展的财政政策。第四章从支出型、收入型、其他型三种角度论述了促进体育产业发展的财政政策效应。首先，支出型财政政策效应从财政投资的效应分析、财政投融资的效应分析、财政补贴的效应分析三个方面来说明；其次，收入型财政政策效应分析从三个角度进行具体阐述，分别是税收政策效应分析、体育彩票政策效应分析、体育收费政策效应分析；最后，其他政策效应则包含体育产业投资基金效应分析、体育产业与科技融合的财政政策效应分析。

第三，路径选择，即阐释国外促进体育产业发展的财政政策经验及其对我国的启示，并据此提出符合我国体育产业发展的财政政策路径。要研究促进我国发展的财政政策，最终要研究我国体育产业发展的财政政策路径选择，这是研究促进体育产业发展的落脚点，也是全书的最核心内容。本书第五章分别论述的是日本、美国、英国等发达国家的先进发展经验，主要从收入型财政政策和支出型财政政策两个方面进行考察，主要从非营利组织税收优惠制度、体育经济活动中的税收政策、体育彩票管理、体育服务均等化政策四个方面进行借鉴。第六章主要着眼于支出性财政政策、收入性财政政策和其他财政政策三个方面的政策路径优化。最后提出促进我国体育产业发展的相关配套措施，从而实现体育强国目标。

从行文目的来看，本书旨在解决以下问题：

第一，建立促进体育产业发展的财政政策体系问题。首先阐明体育产业发展与财政政策之间的相互关系，进而揭示财政政策促进体育产业发展的运行机理，从而建立促进体育产业发展的财政政策体系问题。

第二，完善促进体育产业发展的财政政策的理论基础。通过梳理总结，本书得出了九种主要理论作为体育产业发展的理论基础，分别是：基于市场经济理论角度的体育产业理论、基于人文精神理论角度的体育产业理论、基于产业结构理论角度的体育产业理论、基于产业价值链理论角度的体育产业理论、基于资源视角理论角度的体育产业理论、基于政府干预理论角度的体育产业理论、基于变迁理论角度的体育产业理论、基于公共服务均等化角度的体育产业理论和基于产业融合角度的体育产业理论。

第三，厘清财政政策促进体育产业发展的运行机理。本书揭示财政政策促进体育产业发展的运行机理，分别从财政政策促进体育产业发展的着力点及财政政策促进体育产业发展的三种实现形式这两个角度进行论述。

第四，完善及深化促进体育产业发展的财政政策的内容。本书从促进体育产业发展的财政政策的理论基础、运行机理、现状分析、效应研究、经验借鉴及路径选择等来深化和完善促进体育产业发展的财政政策的内容。

第五，结合实际提出优化我国体育产业发展的路径。本书以美国、英国、日本为代表，结合国外促进体育产业发展的财政政策经验，以经济理论为基础，构建了促进我国体育产业发展的财政政策的优化路径。

本书将沿着以上脉络逐层展开，对促进我国体育产业发展的财政政策进行研究。

目录
CONTENTS

导　　论

一、研究的背景及意义

体育是社会发展和人类进步的重要标志，是综合国力和社会文明程度的重要体现。发展体育产业，增加体育产品和服务供给，能够增强人民体质、保障和改善民生，对于刺激消费、扩大内需和就业、培育新的经济增长点，也有重要意义。然而，实现体育产业的发展，离不开社会资源的合理配置，尤其是政府部门的鼎力支持。本书以财政政策为视角，研究政府部门如何有效的配置社会资源，购买公共体育产品或服务，进而促进体育产业的健康发展。

（一）研究背景

为了推动体育产业的发展，满足人们的体育活动需求，国务院办公厅在 2010 年出台了《关于加快发展体育产业的指导意见》、2014年颁布了《关于加快发展体育产业促进体育消费的若干意见》、2018年草拟了《关于加快发展体育竞赛表演产业的指导意见》，国家体育总局在 2016 年发布了《体育产业发展"十三五"规划》，中共中央、国务院在 2016 年印发了《"健康中国 2030"规划纲要》。这一系列重要文件的先后制定，标志着作为我国经济发展战略重要组成部分的体育产业迈入了一个新的历史阶段，在这个阶段里，我国的体育产业将呈现迅猛发展的特点。我们一般认为，如果要发展一个产业，最首要的就是确立指导思想，其次是根据发展的基本目标制定各项政策，建立起支撑发展的政策框架。因此，产业政策在一定程度上决定着产业的成败，加强对其研究是应有之义。

科学的指导思想是推动体育产业发展的精神动力，指导着体育产业朝着正确方向迈进。在当下，坚持正确的指导思想就是坚持中国特色社会主义理论，这是中国的马克思主义，是经过实践证明了的符合中国实际的、具有强大生命力和指导性的科学的理论体系。体育产业要实现增强人民体质、提高健康水平的发展目标，需要做到解放思想，深化改革。同时，充分发挥市场的决定性作用，更好地发挥政府的服务功能，把体育产业的发展作为推动我国经济转型升级的重大举措并使之形成活力、竞争、创新的市场格局，使人民的体育需求得到最大限度的满足，同时更快地推动体育强国美好愿景的实现。[①] 我国体育产业需要建立有中国特色的体系，并通过不断壮大体育产业的发展规模，使其整体实力得到进一步增强。这一基本目标的实现，需要将体育产业发展的主要矛盾牢牢把握住，将其发展的内在规律以及发展的主要影响因素牢牢把握住，从而推动体育产业资源的有效配置，促进体育产业内部结构合理化，进而达到可持续发展的目标要求。而这一切的实现，必须要厚植体育产业政策之基础，抓好政策落实之魂。

我国体育产业政策的初步探索阶段可以归源于国家体委在 1978 年 1 月召开的体育工作会议。此次会议将"使我国成为世界上体育最发达的国家之一"作为我国体育产业的奋斗目标，此次会议精神在一段时间内成为体育工作的指导思想。自 1979 年 9 月 20 日～1980 年，中央批准和回复了《关于开放山区、开展国际登山活动的请示》，准许通过运用收费的方式来开放部分山区，以此来接待来我国登山的外国登山队。该政策作为体育产业起步阶段的"初步探索"，

---

① 国务院：《关于加快发展体育产业促进体育消费的若干意见》，2014 年，http://www.gov.cn/zhengce/content/2014 - 10/20/content_9152.htm.

具有重要的引领作用。1979 年 11 月，随着中国恢复在国际奥委会的合法席位，我国的运动健儿终于能在世界体育舞台上闪亮登场。在 1984 年洛杉矶奥运会上，中国女排实现了"三连冠"，给全国上下带来了一场史无前例的"体育热"，这种历史性的突破，极大地激起了人民群众的体育热情，弘扬了民族精神。国家体委通过制定"为国争光"的方针，力图实现体育强国的战略目标，并在面临经费不足、无职业化的体育队伍等多方面的弊端时，扬长避短，做出了"侧重抓提高"的战略决策。

1984 年，在改革开放利好政策的推动下，把我国建设成体育强国的奋斗目标应运而生，随即体育产业在我国的发展迎来了重大的历史机遇和新的挑战。然而当时我国的体制机制与我国体育产业发展的目标不符。因为当时的体制是高度集中的计划经济体制，体育产业的需求并不是由市场决定，而是由国家决定。但这一弊端也成功推动了随后我国体育体制的改革。

1985 年 3 月，"产业结构合理化"的问题在六届全国人民代表大会三次会议上首次提出，提议将第三产业作为发展重点。同年，体育产业作为第三产业被国务院纳入《国民生产总值计算方案》中。

1986 年 4 月 15 日，伴随着纲领性文件《关于体育体制改革的决定（草案）》的颁布及其相关政策的出台，与之同时在体育社会化改革的引领和推动下，我国体育体制的改革开始进入"积极起步"阶段。

1993 年 3 月国务院批准《我国第三产业发展规划基本思路》，明确提出"各类文化和体育事业，要按照社会效益和经济效益并重的原则……逐步建立起布局合理、门类齐全、面向群众，满足需求的文化、体育服务体系。"同年 5 月，国家体委颁布了《关于深化体育改革的意见》，体育产业进入"全面推进"的历史阶段。

1994 年 3 月，体育彩票问世，在短短 1 年间总发行额度达到 10 亿元人民币。1994 年 4 月，体育彩票管理中心成立，以加强对体育彩票发行和销售的管理。

1996 年 3 月，《国民经济和社会发展"九五"规划和 2010 年远景目标纲要》发布，纲要指出，"应对具有协会制度和俱乐部制度的合格项目进行体育管理制度的进一步改革"。

2002 年 7 月，中共中央、国务院对新时期体育工作进行了全面部署，颁布了《关于进一步加强和改进新时期体育工作的意见》。

2002 年 11 月，党中央确立包含推动体育事业发展的"全面建设小康社会"的宏伟目标。

2008 年，北京奥运会取得了前所未有的成绩，中国在金牌榜上取得历史性突破位列第一，使中国体育事业达到了新的历史高度，实现了中华民族百年以来的期盼。由此建设体育强国、发展体育产业和事业提上了议事日程。

2009 年 4 月，《彩票管理条例》发布，该条例是首部旨在推动社会公益发展而制定的保护彩票市场参与者的合法权益、维护彩票市场发展的行政规定。

2010 年 3 月，《关于加快体育产业发展的指导意见》以国家级政策文件的方式推动体育产业进入了"加快发展"的新阶段。

2011 年 4 月，《体育事业发展"十二五"规划》将体育产业纳入"十二五"期间中国产业发展计划的总体目标，在优化体育需求、产业结构等方面提出要求。

2012 年 5 月，《关于鼓励和引导民间资本投资体育产业的实施意见》制定了 14 项政策及相关措施支持、鼓励和引导民间资本投入体育产业之中。

2014 年 10 月，《关于加快发展体育产业促进体育消费的若干意见》第一次提出发展我国体育产业要从产业层面作为突破口，突出新形势下体育产业大力发展必要性，该意见是中国体育产业发展史上一个非常重要的里程碑。

2016 年 5 月，指导"十三五"时期体育改革发展的纲领性文件——《体育发展"十三五"规划》正式发布。"十三五"时期的体育工作通过该规划全面部署，并且确定了"十三五"时期体育发展的指导思想、基本原则、主要目标和基本理念，力求在体育改革创新、全民健身、竞技体育、冬奥会筹办、体育产业等重点领域取得新成就。

2016年10月，《关于加快发展健身休闲产业的指导意见》由国务院发布，对未来体育健身休闲产业的发展做出了多项部署，在完善服务体系、培育市场主体、优化产业结构、加强设施建设、提升研发能力、改善消费环境等方面提出了主要任务和政策举措。

2016年11月，蕴含创新、协调、绿色、开放、共享发展理念的《关于进一步扩大旅游文化体育健康养老教育培训等领域消费的意见》发布，为体育消费确立了正确的方向，为体育产业改革提供了遵循，有力地释放了体育消费潜力，推动了体育产业可持续发展。

2016年12月，国家旅游局、国家体育总局发布《关于大力发展体育旅游的指导意见》，对于盘活体育资源、实现全民健身和全民健康深度融合、推动体育产业提质增效提供了依据和支撑。

2018年1月，多部门联合印发《击剑运动产业发展规划》《马拉松运动产业发展规划》《自行车运动产业发展规划》，对各单项运动的普及、推广及各单项运动产业的规范发展起着重要的作用。

2018年12月，体育竞赛表演产业领域的战略部署文件——《关于加快发展体育竞赛表演产业的指导意见》正式发布，意见提出了明确的目标要求，初步勾画出了产业发展的体系，并就保障如期实现目标进行了相关部署。

2019年7月，体育总局等14部委印发《武术产业发展规划（2019~2025年）》，为普及和推广武术项目、加快武术产业发展提供支撑；同月，国务院印发《国务院关于实施健康中国行动的意见》，以百姓身边的健身和低成本健身打通健康中国"最后一公里"，推动形成全民参与体育的热潮。

2019年9月2日，国务院办公厅发布了《关于印发体育强国建设纲要的通知》，提出涵盖体育文化、体育经济、体育精神、体育竞技等各方面的战略任务，从组织领导、体制机制、人才培养等方面全方位进行保障，建设体育强国，充分发挥体育在全面建设社会主义现代化国家新征程中的重要作用。

2019 年 9 月 17 日，国务院办公厅发布《关于促进全民健身和体育消费 推动体育产业高质量发展的意见》，提出促进体育产业发展的"十条建议"，力求激发体育消费热情，促进全民健身，建设体育强国，做大做强体育产业。

在如今全球经济一体化背景下，体育产业想要发展得好，就必须走向国际舞台。然而，我国体育产业走向国际舞台的条件还不成熟，这在与美国、欧盟、日本等体育产业发达的国家和地区相比之中更加凸显出来。在这些国家中，体育产业已经上升为本国重要的经济增长点。我国的"入世"和奥运会的成功举办让我们迎来了一个提高体育产业竞争力的契机。

坚持问题导向是解决问题的关键，因此，提高体育产业的国际竞争力，研究中国体育产业包括财政政策在内的产业政策并进一步完善是当前我国体育产业发展的重中之重。

（二）研究意义

1. 理论意义

（1）建立了促进体育产业发展的财政政策的体系。本书以财政学专业为立足点，以经济理论为依托，从宏观视角全面地梳理财政政策促进体育产业发展的脉络，从而构建促进体育产业发展的财政政策体系，这是本书的理论意义之一。

（2）完善了促进体育产业发展的财政政策的内容。本书从理论、现状、效应等不同层面完善或深化以往研究之不足，进一步完善了财政政策促进体育产业发展的内容，这是本书的理论意义之二。

2. 实践意义

完善了促进体育产业发展的财政政策的对策建议。本书以财政学定义为出发点，以公共产品理论为依托，以经济发展阶段论为根本，以财政分权理论为落脚点，既有理论指导，又有实践方法；既有现实气息，又有时代特点；既有宏观思路，又有具体措施，这是本书的实践意义。

二、文献综述

（一）体育产业的定义、特征、概况

1. 体育产业的定义

体育产业是指为社会体育产品的同一类经济活动的集合以及同类经济部门的综合。体育产品包括有形的体育用品，也包括无形的体育服务；体育经济部门不仅包括市场企业，也包括各种从事经营性活动的其他各种机构，如事业单位、社会团体乃至个人。广义的体育产业指"与体育运动相关的一切生产经营活动，包括体育物质产品和体育服务产品的生产、经营两大部分"。狭义的体育产业是指"体育服务业"或者是"体育事业中既可以进入市场，又可以盈利的部分"。

体育产业孕育于西方国家的市场经济之中，而我国开始产业化则是在改革开放初期。在体育产业的定义上，目前还没有形成一个定论。国外的研究主要有以下几种：一是模糊化，将与体育相关联的产业视为体育产业；二是从市场的角度，认为能够形成一定范围的体育市场的产业才是体育产业；三是从产品和服务的角度定义体育产业。而国内对于体育产业的定义，主要包括以下几种：

鲍明晓（2000）指出，社会主义市场经济体制下运行的体育事业即为体育产业[①]。

[①]　鲍明晓：《体育产业——新的经济增长点》，人民体育出版社 2000 年版，第 7 页。

钟天朗（2004）认为，体育服务是一种特殊的非实物形式的消费品，可以将体育产业简称为体育业①。

陈爱辉（2015）认为，体育产业是从事为社会提供与体育相关的产品或服务的产业活动以及相关单位的集合体②。

2. 体育产业的特征

张保华、李江帆等（2007）从我国体育产业在国民经济中的地位和作用角度指出，现代体育发展最突出的特点之一是：体育与经济结合并在国民经济中占据重要地位③。这个突出的特点，有利于推动我国经济结构调整，有利于增加就业，带动相关产业的发展，且对于促进经济增长也具有十分重要的作用。刘保国、郭华峰（2011）认为我国社会体育财政具有在资金投入的稳定性、充足性上力度不够及资金来源结构多样化等特征，并且指出我国社会体育财政的内质具有公共财政属性，推进社会体育公共服务均等化，政府需要具备财政政策的新选择④。曾广新（2008）指出我国体育产业税收不高的原因在于规模太小⑤。毕红星（2009）指出我国体育财政具有系统性特征，从我国体育财政支出结构看，侧重竞技体育，轻视群众体育。由于竞技体育市场化和产业化程度都比较低，竞技体育资金投入形式和渠道与计划经济时期其实没有本质差异。体育财政支出中，竞技体育占用了大部分公共开支⑥。易剑东、任慧涛（2014）指出我国体育财政正在向着民生化转型，但体育部门仅对财政资金的使用范围做出规定，而不注重政策执行的适用性和关联性，其弊端逐渐显现，并提出了两点建议：一是扩大体育事业在中央体育彩票公益金中的使用比例；二

① 钟天朗：《体育经济学概论》，复旦大学出版社2004年版，第146页。
② 陈爱辉：《我国体育产业政策变迁的研究》，北京体育大学（毕业）学位论文，2015年。
③ 张保华、李江帆：《中国体育产业在国民经济中的地位和作用研究》，载于《体育科学》2007年（第27卷）第4期。
④ 刘保国、郭华峰：《我国社会体育财政的特征及其政策研究》，载于《内蒙古自治区第六届自然科学学术年会优秀论文集》，2011年。
⑤ 曾广新：《关于发展我国体育产业的思考》，载于《光明日报》2008年9月17日。
⑥ 毕红星：《体育财政公共属性及政策选择》，载于《体育文化导刊》2009年10月。

是建议体育部门应走出封闭、孤立的状态，逐步形成多方合作、权责明确的体育公共财政系统①。杜德军、杨越（2016）以我国3次经济普查数据为依据，通过横向和纵向对比，揭示了2004～2013年我国体育产业发展的现状和规律，并指出目前我国体育产业发展的四个特点：一是体育产业逐步完成由用品为主向服务为主转变；二是新型体育活动快速发展；三是逐渐形成以体育赛事活动为核心的发展模式；四是体育产业最大的短板是体育健身休闲活动②。

3. 体育产业的概况

马振亚、张翔（2015）指出我国体育产业市场容量约为1万亿元人民币，每年以4倍速GDP（按2015年的7%计算）增长，并且拥有较为完整的上、中、下游产业链③。任保国（2006）认为我国体育产业的现状主要体现在以下几个方面：开发领域不断扩展；质量和效益不断显现；时代化较强；产业化筹资机制已基本确立和形成④。

（二）体育产业的理论基础

1. 基于市场经济理论角度的体育产业理论基础

斯蒂格利茨（1997）认为：政府并不总是能够做出对整个社会有益的无私决策⑤。曹可强（2004）指出合理的体育产业结构政策应遵循市场机制和政府宏观调控⑥。任海（2015）认为体育产业有显著的市场导向性，将中国体育与市场经济结合以实践，首次从市场经济角度来认识体育，并按照市场经济的规律来运作体育⑦。

① 易剑东、任慧涛：《事权、财权与政策规制：对中国体育公共财政的批判性阐释》，载于《当代财经》2014年第7期。
② 杜德军、杨越：《我国体育产业发展研究》，载于《调研世界》2016年第2期。
③ 马振亚、张翔：《中国体育产业资本投资研究》，载于《中国市场》2015年第48期。
④ 任保国：《关于发展我国体育产业投资基金的战略性思考》，载于《滨州学院学报》2006年第22期。
⑤ ［美］约瑟夫·斯蒂格利茨：《公共财政》，中国金融出版社2009年版，第23页。
⑥ 曹可强：《体育产业概论》，复旦大学出版社2004年版，第35页。
⑦ 任海：《论体育产业对中国体育发展的影响》，载于《体育科学》2015年（第35卷）第11期。

2. 基于人文精神理论角度的体育产业理论基础

任海（2015）认为市场与体育都是极具人文价值的，但市场是以收益最大化为导向，而体育是以人的全面发展为目标。市场与体育的道德性并不是完全一致的①。黄晓红（2008）认为体育的首要功能是增强身体素质，大众已广泛接受了花钱买健康的观念，健身场地的提供与体育用品的批发零售都是大有可为的。

3. 基于产业结构理论角度的体育产业理论基础

丛湖平等（2013）提出应从产业关系政策、产业发展政策及产业运行政策等不同方面来选择体育产业政策②。曹可强（2004）认为体育产业结构政策应与市场相匹配，与市场发展阶段相符合③。

4. 基于产业价值链理论角度的体育产业理论基础

刘远祥等（2008）指出体育产业是一个有机整体，其构成部分包括本体产业、相关产业和外围产业④。虞海侠（2008）认为传媒与体育产业间的资源整合提升空间巨大，应更加紧密地合作⑤。卢长宝等（2011）对体育与旅游产业的角度研究了两者之间的对接，提出了构建产业链双向验收的长效机制，为对接提供动力⑥。

5. 基于资源视角理论角度的体育产业理论基础

徐茂卫、郑永芳（2013）从资源的角度研究了我国体育产业资源整合的实施路径，指出应通过构建体育资源协同体系实现体育资源共享、整合体育产业价值链、发展体育产业集群、促进体育产业与其

---

① 任海：《论体育产业对中国体育发展的影响》，载于《体育科学》2015 年（第 35 卷）第 11 期。
② 丛湖平等：《我国体育产业政策研究》，载于《体育科学》2013 年（第 33 卷）第 9 期。
③ 曹可强：《上海市"建设亚洲一流体育中心城市"体育经济发展战略研究》，载于《体育科研》2004 年第 1 期。
④ 刘远祥等：《优化我国体育产业结构的政府行为分析》，载于《成都体育学院学报》2008 年（第 34 卷）第 4 期。
⑤ 虞海侠：《传媒产业与体育产业的资源整合探析》，载于《湖北社会科学》2008 年第 10 期。
⑥ 卢长宝等：《体育产业与旅游产业对接的长效机制》，载于《体育科学》2011 年第 9 期。

他产业融合和对接四种模式实施体育产业资源整合[①]。

6. 基于政府干预理论角度的体育产业理论基础

徐向艺（2005）认为在成熟的市场国家之中，政府干预也是解决市场失灵的主要方式[②]。

（1）政府干预理论与体育产业的外部性。高旭（2012）根据经济学原理研究，分析得出体育产业除具有一般产业的经济属性外，还有准公共产品性质和正外部性特征，并根据此特性提出解决建议[③]。谢自强（2004）通过研究提出了政府采取规制、补贴等措施矫正存在的外部效应。

（2）政府干预理论与体育产业的公共产品性。萨缪尔森（Samuelson，1996）认为，"公共产品有效供给通常需要政府行动"。平狄克、鲁宾菲尔德（Pindyck and Rubinfeld，2000）提出，"政府生产公共产品较为有利，是因为政府能够定出税或费来支付其成本"。杨仁征（2002）认为体育产业具有经济效益和社会效益，体育市场对两种效益都要兼顾，不可牺牲社会效益而只追求经济效益[④]。

7. 基于变迁理论角度的体育产业理论基础

李丽、杨小龙（2012）分析了我国体育事业财政制度的变迁，认为我国体育事业财政制度变迁经历改革开放前和改革开放后两个时期，不同时期的体育事业财政制度对我国体育事业的发展均起着重要的作用，但也存在历史局限性：我国体育事业财政制度的变迁与经济和财政体制的变迁具有强制性、同步性和始终以公共性为主线的特征。除此之外，还在文中提出：（1）我国应调整体育事业的财政支出结构，提高财政投入在民生体育中的占比；（2）完善由上至下的

---

① 徐茂卫、郑永芳：《基于资源视角的我国体育产业资源整合的实施路径分析》，《武汉体育学院学报》2013年第1期。
② 徐向艺：《政府干预与市场经济秩序》，山东人民出版社2005年版，第211页。
③ 高旭：《论体育产业的公共品和正外部性性质以及财税对策》，载于《产业研究》2012年7月。
④ 杨仁征：《体育产业发展与地方政府行为探析》，载于《北京体育大学学报》2002年5月。

财政支出制度，对中西部及农村体育的财政投入力度急需加大等。柳晏源（2014）将我国体育彩票政策变迁的历程划分成三个阶段，并总结了我国体育彩票政策转变的主要特点和目前体彩政策的不足之处①。

8. 基于公共服务均等化角度的体育产业理论基础

刘琼莲（2010）认为确定一个国家的制度是否是道德的和合理的，一个重要的标准是基本公共服务是否均等化，它是一项根本政策②。刘怡（2011）指出公共选择即集体选择，尤其是政府行为集体选择的必要性，刘怡从社会经济的实际运行状况的角度，提出了两个因素：一是公共产品的存在；二是外部效应的存在③。秦小平、李明（2010）认为公共选择理论是推行基本公共服务均等化的理论基础，也是公共选择的结果④。胡伟、程亚萍（2013）指出体育公共服务均等化是为了追求社会正义和保障公民体育权利，并有着坚实的法律基础，它与公共财政制度有着密切的关系⑤。

9. 基于产业融合角度的体育产业理论基础

程林林（2005）认为体育的产业化本质就是与其他产业融合的过程⑥。杨强（2015）提出技术、业务、市场三条融合路径。然后在路径机制的基础上，深入分析体育与相关产业融合发展的延伸融合、渗透融合、产业内的重组融合三种重构模式，以及重构模式下所形成的若干体育融合业态的特征⑦。

---

① 柳晏源：《我国体育彩票发展的政策变迁研究》，湖南师范大学，2014年。
② 刘琼莲：《论基本公共服务均等化的理论基础》，载于《天津行政学院学报》2010年第4期。
③ 刘怡：《财政学》，北京大学出版社2011年版，第18页。
④ 秦小平、李明：《体育基本公共服务均等化的内涵分析及评价指标构建》，载于《河北体育学院学报》2010年第5期。
⑤ 胡伟、程亚萍：《实现体育公共服务均等化：公共财政制度之作用与对策》，载于《上海体育学院学报》2013年第3期。
⑥ 程林林：《体育的产业融合现象探析》，载于《成都体育学院学报》2005年第3期。
⑦ 杨强：《体育与相关产业融合发展的路径机制与重构模式研究》，载于《体育科学》2015年（第35卷）第7期。

（三）促进体育产业发展的财政政策的类型

斯蒂格利茨（Stiglitz，2009）指出，公共财政是经济正义原则的重要检验场所①。

叶金育（2016）认为财税政策工具具备的产业促进、经济发展、社会公平等性能，使其成为推动体育产业发展的天然利器，为世界多数国家和地区广为采用。但是对当前体育产业领域的财税政策工具以及体育产业的实践研究发现，还存在着政策的组合运用考虑不周等问题。针对如何解决这些存在的问题，作者认为可以从三个方面发挥财税政策的作用：第一，同时运用收入型政策工具与支出型政策工具；第二，政策工具与政策子工具形成组合拳；第三，统筹财税政策工具与其他政策工具之间的组合使用②。

1. 促进体育产业发展的支出性财政政策研究

（1）政府购买及补贴。刘遵嘉、陆亨伯（2011）通过对我国大型公共体育场馆的经营研究，认为我国大型公共体育场馆很多存在着免费开放、限价等公益行为，各级政府应因地制宜给予相应的财政补助政策，如奖励性免退税、财政差额拨款等，以此来保障大型体育场馆的良性运作③。胡伟（2016）认为目前我国政府购买公共体育服务制度在主体范围、市场准入、购买方式、监督机制等方面都还存在不足，其根本原因在于对政府购买公共体育服务制度构建的法理基础缺乏应有的认识与深入研究，须在政府购买公共体育服务制度的法理基础上，扩大政府购买的主体范围，健全承接政府购买公共体育服务主体市场准入规则体系，科学合理地设置政府购买方式，强化监督机制，以完善政府购买公共体育服务的制度。

---

① ［美］约瑟夫·斯蒂格利茨：《公共财政》，中国金融出版社 2009 年版，第 56 页。
② 叶金育：《体育产业发展中的财税政策工具：选择、组合与应用》，载于《体育科学》2016 年（第 36 卷）第 6 期。
③ 刘遵嘉、陆亨伯：《大型公共体育场馆财政补贴政策研究》，载于《中国会议》2011 年 12 月。

（2）财政转移支付制度。李锡朋（2010）认为目前我国对于体育公共服务均衡化的财政转移支付制度还存在许多问题，如财政转移支付制度缺失均衡、财政转移支付缺乏立法保障、财政转移支付缺乏专门机构等，并提出了相应的建议：一是加强财政转移支付立法，设立专门转移支付机构；二是改进转移支付形式，科学制定转移支付计算方法，优化支出结构[1]。李丽、张林（2013）指出目前城乡和区域体育发展不平衡是制约我国体育现代化进程的主要障碍之一，应完善纵向体育转移支付制度和实施体育财政资金的横向转移支付的试点以促进城乡及区域间民生体育公共服务的均衡[2]。

（3）财政投入及效率研究。李丽、杨小龙、兰自力、曹秀玲（2015）认为，群众体育属于公共产品，而且还具有正外部性，因此受到许多国家的重视，我国虽然也对此投入了不少的精力，但是我国的群众体育一直都较为落后，这无疑会制约我国体育事业的发展，成为我国走向体育强国过程中的障碍。尽管这个问题逐渐得到了政府的重视，加大了对群众体育事业的资金投入，可是与竞技体育相比，仍是小巫见大巫[3]。黄道名、王雷、杨强（2014）认为，在国家财政支出中，体育事业财政支出所占比例非常小，而且体育事业经费使用和分配不够合理，由此影响至体育事业财政支出给国家带来的经济效益也不大[4]。冯维胜、曹可强（2015）认为公共体育服务也有基本和非基本之分，两者的分配比重应当更加的公平合理，而且在加大公共体育服务财政投入的过程中，要把重心放在地区之间的平衡上面[5]。杨小明、田雨普（2014）认为要积极发展关于城乡体育事业统筹发展

① 李锡朋：《我国体育公共服务均衡化之财政法保障》，安徽大学硕士论文，2010年。
② 李丽、张林：《民生财政视域下的民生体育发展研究》，载于《体育科学》2013年（第33卷）第5期。
③ 李丽、杨小龙、兰自力、曹秀玲：《我国群众体育公共财政投入研究》，载于《首都体育学院学》2015年第3期。
④ 黄道名、王雷、杨强：《中央和地方体育事业财政拨款与经济增长：基于VAR模型的动态分析》，载于《财经学》2014年9月。
⑤ 冯维胜、曹可强：《公共体育服务政策的经济福利分析》，载于《西安体育学院学报》2015年第2期。

的规划；要建立涵盖城乡的大体育职能统筹部门，进一步健全城乡一体化、有效规范的体育管理机制；要制订一个计划来增加农村体育设施；而且为了让一些来自城市的体育人才去造福农村的体育事业建设，农村应制定一些对其有益的政策。从各个方面提出一些比较有建设性的战略举措，最终使城乡的体育事业发展状况能够处于平衡状态，使城乡体育公共财政支出越发公平[①]。

雷福民、权德庆等学者（2011）同样提出农村场地设施、资金投入处于较低水平，特别是"老少边穷"地区，那些地区的体育场地严重不足而且体育资源也没有得到应有的应用，这使人们无法广泛参加全民健身活动，所以他们认为政府应该加大农村的体育事业建设[②]。

姜同仁（2015）认为我们应该需要改善公共体育财政供给格局，使不同地区的体育事业支出占财政支出比例逐步被调整到平衡状态，争取能够达到1%。我们应该建立一种对接机制，使城乡的体育事业发展所需的财政经费支出能够和城乡民众所得的体育产品和服务对接起来，以缩小城乡差距；还需在中、西、东部建立崛起战略，改善中部塌陷格局[③]。

杨小龙、兰自力等学者（2015）认为需要建立多元化群众体育资金供给机制。他们认为我们应该加大政府对群众体育的支持，而且我们对于群众体育财政投入增长的速度应该要高于同期体育事业财政经常性收入的增长速度。在解决这个问题时需要一步步到位，先是要保证群众体育事业发展所需要的资金，然后就是要逐步加大群众体育事业发展的经费所占的比重，到后面则要制订一些可行的计划来使群众体育事业能长期稳定且保持合理的比例。同时要通过一些方式引导

[①]　杨小明、田雨普：《和谐社会视域下城乡群众体育统筹发展的战略》，载于《北京体育大学学报》2014年第5期。
[②]　雷福民、权德庆、史进、万元元、魏华、李伟平：《近10年中国体育事业发展态势分析》，载于《西安体育学院学报》2011年第2期。
[③]　姜同仁：《我国公共体育服务供给现状与结构优化对策》，载于《上海体育学院学报》2015年第3期。

民间资金进入群众体育，如财政补助、财政贴息、优惠贷款和减免税收政策等，以此来使群众体育的筹资渠道得到一定程度的拓宽，进而可以使群众体育发展所需要的资金供给有所增加①。张羽、杨铁黎、赵鑫（2015）认为体育事业的发展和经济的增长是相关的，在发展体育事业的同时可以拉动市场的需求，促进经济的发展，而这一点应该不能被政府所忽视，国家应该抓住这点，加大对体育事业经费的投入，使体育事业和经济共同发展②。卢志成（2014）认为政府财政责任的淡化、财政公平理念的忽视、财政体制的不合理、区域间财政收入的差异较大是当下我国体育公共财政支出政策不公平的重要原因③。张彪（2008）指出政府财政支持公共性产业发展在世界上是一种普遍的做法④。卢志成（2014）认为财政支持也有消极作用，应当采取措施避免消极作用，发挥积极作用⑤。余平（2010）通过构建财政体育投入效率的 DEA 评价模型，实证研究了我国财政体育的投入效率，提出推动体育机制改革、推进市场化的重要性和必要性。邵伟钰（2014）运用数据包络分析方法的 CCR 模型、BCC 模型和 SE － DEA 模型对 2011 年我国地方群众体育财政投入效率进行了实证研究，得出我国地方群众体育财政投入效率普遍较低和地区投入效率差异较大的结论，并提出了几点建议：一是因地制宜，不同地区采取不同群众体育财政投入对策；二是不断加大群众体育财政投入力度；三是加强群众体育财政管理；四是建立健全群众体育财政投入绩效评价⑥。

（4）财政投融资政策。20 世纪末以来，国内公开发表的有关我

---

① 李丽、杨小龙、兰自力、曹秀玲：《我国群众体育公共财政投入研究》，载于《首都体育学院学报》2015 年第 3 期。

② 张羽、杨铁黎、赵鑫：《体育财政投入、体育事业发展与经济增长——基于我国时间序列数据的实证研究》，载于《北京体育大学学报》2015 年第 6 期。

③⑤ 卢志成：《政府体育公共财政支出政策公平研究》，载于《体育科学》2014 年（第 34 卷）第 8 期。

④ 张彪：《论政府对非营利组织发展的财务支持》，载于《求索》2008 年第 9 期。

⑥ 邵伟钰：《基于 DEA 模型的群众体育财政投入绩效分析》，载于《体育科学》2014 年（第 34 卷）第 9 期。

国体育产业财政投融资的研究论文总共 100 余篇，基本上反映了国内
体育产业财政投融资的情况。从内容上来看，单单研究体育或者投融
资的学术论文比较多，将体育与投融资放在一起研究的较少（10 余
篇），占比小，仅 10% 左右。从时间上来看，20 世纪末的研究课题
基本上是基础体育的研究，关于体育产业投融资的研究少之又少，是
名副其实的弱环。从 21 世纪开始，研究的侧重点是体育产业投融资
体制，但是研究层面仍停留在宏观层面，诸如投融资的特征、体育产
业资本市场的现状等，微观层面（体育俱乐部、体制本身等）的研
究较少，但后来得到了改善。

　　如今，我国学术界对于体育产业财政投融资体制的研究更加广
泛、纵深化更加彻底，多元化研究方向有利于更深切地解决实际问题。
就研究范围而言，既有从整体即我国体育产业财政投融资体制（王爱
莉，2013）出发，也有从个体（体育俱乐部）出发。就研究内容而言，
不仅有体制本身的内涵、特征、现状，还有问题、原因以及对策（任
保国，2014 年）抑或是投融资渠道（任永星，2015），其他研究课题
还有体育经济的资本运营（罗荣贵，2015）等，内容多样且分散。

　　2. 促进体育产业发展的收入性财政政策研究

　　（1）税收政策。魏鹏娟（2013）认为合理的税收政策具有多种
积极作用，一方面，它可以减轻各方的税收负担，让资源配置更加合
理；另一方面还能优化经济结构[1]。侯阔林（2014）认为政府能通过
调整税率影响企业行为以达到做大、做强体育产业等目标；企业对税
收政策的调整做出相应的决策，对投资方向和投资金额做出合适的调
整，以最大化收益[2]。杨京钟（2012）通过运用经济学外部性理论对
我国的体育用品业的税收政策进行研究，认为现行税收政策对体育用

------

① 魏鹏娟：《我国体育赞助税收政策研究》，载于《西安体育学院学报》2013 年（第
30 卷）第 6 期。
② 侯阔林：《政府税收行为与休闲体育产业的二层规划模型》，载于《安庆师范学院
学报（自然科学版）》2014 年 9 月（第 20 卷）第 3 期。

品产业发展存在诸多的制约问题。尽管如此，税收作为国家调节体育产业经济的宏观调控杠杆工具，有着自身独特的作用和优势，能够优化和调节体育用品产业结构，有效地支持与促进我国体育用品产业的壮大与快速发展[1]。

（2）税收优惠政策。杨京钟、吕庆华（2011）对现行的税收优惠政策进行了研究，得出它们在扶持体育产业发展方面存在两面性的结论，紧接着对这种两面性进行了具体的比较分析，得出了两个成果：税收激励政策与体育产业的关联十分紧密；税收政策对我国体育产业的可持续发展有十分积极的作用[2]。王名、李勇等（2009）指出企业向体育慈善组织捐赠货币、货物、股票、证券等可全部从应纳税额中扣除[3]。河北省政府办公厅颁布了《关于加快发展体育产业的实施意见》，《意见》明确了体育类非营利组织所享有的具体的各项税收优惠政策的相关条件[4]。

高松龄（2005）认为税收优惠政策促进了我国体育经济活动的快速健康发展，并提出了差异化的税收政策、适当调整税差、部分公益性的体育项目和单位实施减税甚至免税三项税收优惠政策的着力点[5]。

卢志成（2014）认为税收优惠政策对于社会公益事业的发展是非常重要的。通过税收减免政策可以利用财政资源撬动巨大的社会资源来扶持社会公益事业，达到预期的公共目标，因此应制定相应的税收优惠政策[6]。

---

① 杨京钟：《我国体育用品产业税收政策评析》，载于《体育文化导刊》2012年12月。
② 杨京钟、吕庆华：《中国体育产业发展的税收激励政策研究》，载于《北京体育大学学报》2011年（第34卷）第3期。
③ 王名、李勇、黄浩明：《英国非营利组织》，社会科学文献出版社2009年版。
④ 河北省政府办公厅网站，http：//info. hebei. gov. cn/hbszfxxgk/329975/329982/6438554/index. html。
⑤ 高松龄：《我国体育产业相关税收优惠政策及其效应》，载于《福建体育科技》2005年第5期。
⑥ 卢志成：《政府体育公共财政支出政策公平研究》，载于《体育科学》2014年（第34卷）第8期。

　　杨京钟等（2011）研究了我国体育产业与税收激励政策的关联度并指出了当前体育税收激励政策的制约因素①。陶燕等（2019）指出了税收改革对我们国家体育产业发展的实效进行了分析和阐述，希望能够给相关工作人员参考，让税收政策促进体育产业的发展。

　　肖锋、王娟（2018）认为切实保护企业赞助权益免受不法侵害，为赞助企业提供更好的服务和更大的回报创造良好的赛事融资局面，推进我国体育向市场化的转型②。

3. 促进体育产业发展的其他财政政策研究

　　应飞虎、涂永前（2010）指出，单一政策工具有时候不能实现预期目标，需要政策组合助力③。高巍（2014）认为体育产业结构政策、体育产业组织政策、体育产业布局政策及其他一些体育产业政策能与财税政策工具结合使用④。

　　（1）体育财政监督管理研究。在体育法律法规研究方面，马宏俊（2013）认为我国体育公共服务发展得不好是由于法律法规的缺失及相关制度和社会状况所造成的⑤。陈洪平（2013）着眼于财政法，循着财税政策在我国体育事业发展中的历史，分析过去，面向未来，提出了解决问题的建议：遵循财税法原则、优先支持民生体育投入、制定适宜的地方体育财税法案等⑥。

　　在体育管理体制改革方面，隋路（2011）基于行政事业层面，认为在当前的中国体育经济政策下，中国要实现高效率的体育资源配置，方法主要是通过多渠道、多层次、多形式的社会筹资来补充体育

　　① 杨京钟、吕庆华、易建东：《中国体育产业发展的税收激励政策研究》，载于《北京体育大学学报》2011年3月。
　　② 肖锋、王娟：《我国体育赛事赞助方式及影响因素研究》，载于《体育文化导刊》2018年第4期。
　　③ 应飞虎、涂永前：《公共规制中的信息工具》，载于《中国社会科学》2010年第4期。
　　④ 高巍：《完善我国体育产业政策体系研究》，东北师范大学，2014年。
　　⑤ 马宏俊：《政府体育公共服务体系法律规制研究》，载于《体育科学》2013年第1期。
　　⑥ 陈洪平：《体育产业财税支持政策的财政法思考》，载于《武汉体育学院学报》2013年第3期。

财政投入、政府性基金投入的不足①。易剑东（2011）以中国体育体制改革的逻辑基点与价值取向为出发点，认为支撑中国体育产业发展的中国体育公共财政出现困难的原因在于中国宏观经济发展战略选择性忽视，而不仅仅在于体育部门的内部，而解决的途径是必须从更高的层面来推动中国体育的产业化发展②。

（2）体育彩票管理。张策宇（2011）认为我国目前彩票业的主要矛盾是彩票业的快速发展与政企不分、法律法规不完善的彩票管理模式之间的矛盾③。秦勇（2013）深入研究了我国体育彩票现状和经营管理中存在的问题，从立法、体制改革、运用现代化的手段来增强体育彩票的吸引力等方面提出了对策建议④。

（3）产业引导资金政策。邢尊明、周良君（2015）指出近年来，部分省、市设立财政引导资金，通过补贴、贴息、奖励等财政资金投入形式来吸引各种社会资本，在一定程度上推动了地区体育产业结构的优化和规模的发展⑤。成会君（2016）认为引导资金政策是对体育产业发展进行宏观调控的关键财政政策，对此进行分析是十分必要的，要清楚其运行机理，要构建相应的机制⑥。

（4）刺激体育消费。姚宗雄（2010）认为居民消费需求的提升是国民经济增长的重要动力，体育消费在消费市场中的重要性不断提升，对体育产业乃至国民经济都有着直接贡献。对此提出以扩大内需为着力点，分析我国体育消费市场的现状及制约因素，从财税视角提

① 隋路：《中国体育资源配置效率研究》，社会科学文献出版社2011年版，第46页。
② 易剑东：《中国体育体制改革的逻辑基点与价值取向》，载于《体育学刊》2011年第1期。
③ 张策宇：《中国体育彩票管理模式分析》，中国优秀硕士学位论文全文数据库，2011年第S1期。
④ 秦勇：《我国体育彩票经营管理对策研究》，载于《社科论坛》2013年11月。
⑤ 邢尊明、周良君：《我国地方体育产业引导资金政策实践、配置风险及效率改进：基于8个省、自治区、直辖市的实证调查及分析》，载于《体育科学》2015年第4期。
⑥ 成会君：《体育产业发展引导资金的功能定位、引导机理及运行机制》，载于《天津体育学院学报》2016年第1期。

出扩大内需，促进体育消费的政策建议①。

（四）我国促进体育产业发展的财政政策存在的问题及优化路径研究

1. 促进体育产业发展的财政政策存在的问题

茆晓颖（2015）认为主要有四个方面的问题：一是公共财政资金投入偏少且没有过多其他的融资渠道；二是促进体育产业发展的财政政策尚处缺位状态；三是体育彩票投融资功能没有充分得到发挥；四是现有的财政政策并不适宜，需要革新修改②。易剑东（2016）认为，我国政府对体育的投入有限，体育彩票使用不合理，体育彩票公益金越来越多，但存在着效益不高的投资③。李丽、张林（2010）认为，我国体育事业公共财政支出存在着支出结构不合理以及经费支出越位和缺位的问题。对于财政支出结构方面的问题主要表现：一是竞技体育和群众体育的投入结构不合理；二是区域体育发展不平衡；三是城乡体育发展失衡；四是竞技运动项目发展欠缺均衡。此外还指出了中央和地方政府的体育事权和财权并不匹配④。周国龙、李倩等（2019）认为现阶段我国体育产业政策有一些问题，如财政投入不够、赛事产业侵权、"阴阳合同"以及投资政策单调等⑤。

2. 促进我国体育产业发展的财政政策优化路径

马应超、王宁涛（2014）通过借鉴国外发展经验指出，我国体育产业财政政策可以从以下几个方面着手：一是提高体育事业财政投

---

① 姚宗雄：《促进我国居民体育消费的财税政策》，载于《宁德师专学报（自然科学版）》2010年（第22卷）第2期。

② 茆晓颖：《促进我国体育产业发展的财政政策支持研究》，载于《成都体育学院学报》2015年（第41卷）第4期。

③ 易剑东：《中国体育产业的现状、机遇与挑战》，载于《武汉体育学院学报》第50卷第7期。

④ 李丽、张林：《体育事业公共财政支出研究》，载于《体育科学》2010年（第30卷）第12期。

⑤ 周国龙等：《我国赛事产业规范治理的变迁、成效及困境探析》，载于《西安体育学院学报》2019年第4期。

入比重，优化投入结构；二是学习发达国家经验，加强我国体育产业财政投融资体制建设；三是完善支持体育产业发展的财税政策体系；四是类比"文化金融扶持计划"①。俞丽萍（2012）认为由于财政支出力度不够以及支出结构不合理，实现体育公共服务均等化有难度，因此促进体育公共服务均等化的着力点主要体现在以下几个方面：一是加大地方体育财政的投入力度；二是以促进体育公共服务均等化为契机，扩大体育财政来源；三是积极发挥体育财政政策的激励作用；四是优化体育财政支出结构，增加大众体育财政投入占比；五是用于体育的各类基金应当在体育财政中发挥重要作用②。杨帆（2018）认为我国需要在新常态下构建一套长期的、具有中国特色的体育产业税收政策激励体系，旨在为新常态下我国体育产业的可持续发展提供有益的理论借鉴与参考，丰富现行体育产业税收政策，激励体育产业发展③。

（五）评述

1. 国内外研究取得的成果

（1）阐述了体育产业的基本概念。从国内外目前发表的相关成果来看，这些成果从不同角度对体育产业的基本概念和特征进行了明确的阐述，为研究促进体育产业发展的财政政策奠定了良好的基础。

（2）揭示了体育产业的运行机理。目前对于体育产业的运行机理研究主要集中在三个方面：一是基于产业学理论上的运行机理研究；二是基于市场经济理论的运行机理研究；三是基于政府宏观干预理论的运行机理研究。通过揭示三种理论与体育产业的关系，阐述体育产业的运行机理，为研究促进体育产业发展的财政政策提供了线索

---

① 马应超、王宁涛：《财税政策支持体育产业发展的国际经验与启示》，载于《环球财经》2014 年第 22 期。
② 俞丽萍：《体育公共服务均等化的财政分析》，载于《体育文化导刊》2012 年第 7 期。
③ 杨帆：《新常态下推动我国体育产业发展的积极的体育财政政策研究》，载于《沈阳体育学院院报》2018 年第 3 期。

和思路。

（3）目前，国内外在促进体育产业发展方面都取得了一定的理论和实践成果。庇古的税收理论在理论上取得了一定的成就，在实践上则有欧美等西方发达国家的经验可供参考。

（4）提出了促进中国体育产业发展的财政政策实施最优路径。虽然目前我国对体育产业的研究还不系统、不深入，但许多学者提出了许多建设性的建议，为促进我国体育产业发展的财政政策选择路径提供了思路。

2. 国内外研究的空白

（1）就研究视角而言，已有文献存在两个缺陷：一是集中在点的研究，单就财政投资、政府采购等某一财政政策对体育产业的影响展开，缺乏系统论述；二是就以体育的微观视角为出发点，仅就某一地区、领域、公共产品展开，缺乏经济领域的宏观思维。

（2）就研究内容而言，已有文献有以下三个特点：从理论上看，经济发展阶段论对体育产业的影响并未涉及，财政分权理论导致的不同层级政府财政政策区别并不深入；从现状上看，体育收费、体育公债（资产债券化）等内容并未涵盖，体育彩票、体育投融资等问题需要进一步加强；从效应上看，财政政策对体育的影响集中在中央层面，未通过转移支付向区域、部门、项目进一步延伸。

（3）就研究对策而言，已有文献普遍缺乏理论的指导，即使个别文献以理论为依据，但也缺乏整体思维，存在着理论与实践脱节的现象。

综上所述，促进我国体育产业发展的财政政策研究需要解决以下问题：如何建立促进体育产业发展的财政政策体系？如何完善促进体育产业发展的财政政策的理论基础？如何厘清财政政策促进体育产业发展的运行机理？如何完善及深化促进体育产业发展的财政政策的内容？如何在理论的指导下结合实际提出优化我国体育产业发展的路径？本书将沿着这一脉络逐层展开。

三、研究路径、内容及方法

（一）研究路径

本书主要沿着四个部分展开：第一部分是导论，包括研究的背景及意义、文献综述、研究的内容、路径与方法，研究的重点、难点及创新点；第二部分是理论分析，包括理论基础与运行机理两部分的内容；第三部分是实证分析，分别从现状分析、效应分析以及借鉴分析三个层面展开；第四部分是制度设计，提出优化我国体育产业发展的财政政策的路径。从全书来看，第一部分是提出问题阶段，第二、第三部分是分析问题阶段，第四部分是解决问题阶段。研究路径线路如图1－1所示。

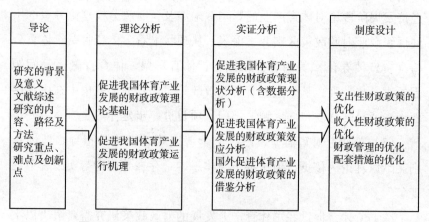

图1－1　促进我国体育产业发展的财政政策研究线路

（二）研究内容

1. 促进体育产业发展的财政政策的理论基础

这部分是本书的核心，通过财政学定义、公共产品理论、经济发展阶段论、财政分权理论奠定研究的基本框架，为构建促进体育产业发展的财政政策体系打下坚实的基础。

2. 促进体育产业发展的财政政策的运行机理

作为一种产品或服务，与教育、科学、文化、卫生、资源、环境一样，体育也具有混合商品的性质，因此，确定不同体育产业中私人与公共的属性，以市场为导向，以政府为补充，走市场与政府相结合的道路，是促进体育产业发展的康庄大道。

3. 我国促进体育产业发展的财政政策现状分析

现状分析主要包括两个部分，前一部分对我国促进体育产业发展的财政政策历史沿革、发展现状及存在问题进行阐述，后一部分则是数据分析。该部分首先确定体育产业发展的指标体系，并确立我国的体育产业发展指标。其次在此基础上，通过财政支出和体育彩票公益金等相关指标建立计量模型，分析财政政策对体育产业发展的影响。

4. 促进体育产业发展的财政政策的效应分析

本部分从支出、收入、管理三个层面入手，研究促进体育产业发展的财政政策的效应，具体包括财政投入、政府采购、财政补贴、财政投融资、税收、收费、转移支付、发行公债、发行体育彩票等方面。本文结合不同财政政策的特点对其进行效应分析。

5. 国外促进体育产业发展的财政政策的经验与借鉴

本部分以美国、英国、日本为代表，介绍国外促进体育产业发展的财政政策的经验。在此基础上进行分析，为促进我国体育产业发展的财政政策提供借鉴。

6. 促进体育产业发展的财政政策的路径选择

本部分以经济理论为基础，从宏观层面来构建促进体育产业发展的财政政策的优化路径，使研究从理论层面上升到实践层面，具有一定现实意义。

（三）研究方法

本书除了基本的规范分析和实证方法外，重点采用以下三种方法：

1. 历史与逻辑分析相结合方法

从历史角度分析财政政策促进我国体育产业发展的演变过程，从财政政策与体育产业的关系的角度阐述财政政策如何更为有效地促进体育产业的发展。注重历史分析与逻辑分析方法相结合。

2. 比较分析法

比较分析主要运用于两个维度：一是纵向上时间比较，即对改革开放以来财政政策与我国体育产业发展的变化趋势；二是横向上国家间比较，以分析同一时期不同国家财政政策促进体育产业发展的状况。

3. 指标分析与数理模型相结合方法

通过相关数据的收集、分析、整理，建立测算我国体育产业发展的指标体系。并以此为基础，运用计量经济模型研究财政政策对体育产业发展的影响。

四、研究重点、难点与创新点

（一）研究重点

1. 促进体育产业发展的财政政策的理论基础

本部分是本书的核心，要构建促进体育产业发展的财政政策体系，首要问题就是构建理论体系，奠定理论基础，这是驾驭整个课题的关键。

2. 促进体育产业发展的财政政策的效应分析

本部分是本书的立足点，通过效应分析，补充体育收费、体育公债（资产债券化）等已有文献未涵盖的内容，扩展体育彩票、体育投融资等已有文献未深入的内容，延伸转移支付等已有文献未展开的内容，是把握整个课题的根本。

（二）研究难点

1. 促进体育产业发展的财政政策的数据分析

长期以来，财政领域中体育的数据总与文教卫等数据杂糅，而体育领域中《中国体育年鉴》关于财政的划分并不系统，应用难度相对较大，因此如何收集、分析、加工、整理相关数据，是本书研究的一大难点。

2. 促进体育产业发展的财政政策的路径选择

如何摆脱传统的"头痛医头，脚痛医脚"体育政策思维，以理论为基础，从宏观层面构建促进体育产业发展的财政政策的优化路径是本书研究的又一难点。

（三）研究创新点

1. 学术思想方面

（1）基于宏观视角构建促进我国体育事业发展的财政政策体系。（2）基于经济理论优化促进我国体育事业发展的财政政策路径，从支出财政政策、收入财政政策以及其他财政政策三个方面论述了财政政策对体育产业发展的促进作用。（3）基于体育产业的发展以政府导向与市场导向的发展理念为基础，通过分析政府财政政策对建立市场导向与政府辅助发展模式的研究，阐述了财政政策促进体育产业发展的运行机制。

2. 学术观点方面

（1）将经济发展阶段论、财政分权理论作为理论基础。（2）将体育彩票事业发展提升到财政政策的高度。（3）将体育收费、体育公债（资产债券化）等纳入财政政策领域研究。（4）将财政政策对体育事业的影响扩展到区域部门、项目层面。（5）将理论分析转移到实践层面，分析了促进我国体育产业发展的财政政策优化路径，提出了促进我国体育产业发展的财政政策优化路径。

3. 研究方法方面

（1）建立测算我国体育产业发展的指标体系，来研究体育产业的发展和相应财政政策指标与财政支出、财政收入之间的关系，实证分析了财政政策促进体育产业的发展。（2）将财政支出额和财政收入额等财政政策作为自变量，将指标体系作为我国体育事业发展的因变量，建立计量经济模型，研究财政政策对我国体育事业发展的影响。

体育产业与财政政策

第一节　财政政策促进体育产业发展的理论依据

一、"市场失灵"

众所周知，市场经济是人类迄今为止最有效率的经济模式。然而，在实现的过程中，市场往往达不到最优的效率。换句话说，市场本身并不是十全十美的，一方面，有些问题是市场无法解决的；另一方面，市场自身存在着缺陷，这些现象统称为"市场失灵"。总体看来，无法提供公共商品、无法解决外部性或者外在性、不充分竞争甚至垄断竞争、信息的不对称性而带来的道德风险和逆向选择、收入分配差距过大以及宏观经济的不稳定，这些问题都有可能导致"市场失灵"。在现实的过程中，"市场失灵"问题不能通过市场机制本身来解决，这就需要政府部门（或公共部门）介入，通过非市场手段解决。

由于市场失灵的存在，政府部门有必要介入市场的领域，其职能可以概括为：第一，提供公共产品和服务；第二，纠正外部性或者外在性；第三，投资适合政府垄断经营的项目；第四，纠正市场信息不对称或不完全导致的道德风险和逆向选择；第五，调节收入分配；第六，实现经济稳定增长。

市场无法有效提供公共产品，因此需要政府的介入，而体育作为一种混合产品兼有公共产品和私人产品的性质。体育产业是体育领域商品化的代表，它作为一种新兴产业，一方面是一种商业活动，另一方面也为体育本身注入了新的活力。然而，在市场经济中，与其他公共产品和混合产品一样，体育产业也具有"市场失灵"的特性，这种"市场失灵"的特性，导致体育产业不能完全反映其公共福利和社会福利，尤其是公共体育服务和公共体育设施领域，更是市场机制无法触及的领域。从这个角度来看，"市场失灵"为政府干预体育产业提供了理论依据，也为财政政策介入体育产业提供了可能。因此，为纠正"市场失灵"，优化资源配置的政府干预，尤其是财政政策领域的政府干预是非常重要的。

二、公共性的调节

人类社会有多种需求，这些需求在整体上可以分为两种，即私人需求和公共需求。而为了满足这些需求，便产生了与之相对应的两种产品：私人产品和公共产品。萨缪尔森曾在《公共支出的纯理论》中对公共产品或劳务进行了明确的界定，阐述了公共商品消费的非竞争性、利益的非排他性以及效用的不可分割性等相关属性。准公共产品介于私人产品和公共产品之间，有着公共商品所拥有的部分属性，即一方面在一定程度上满足公众需求，另一方面也具有某些排他性或竞争性的特征。从这个意义上讲，政府大力修建体育基础设施、组织体育赛事，人们参与到体育活动之中，其受益具有"公共性"，对于推广体育运动，提高群众综合体育素质毫无疑问是有好处的。然而，对于任何个人来讲，参加体育活动本身有利于自身身体的锻炼和技能的培养，任何参与其中的人都能受益，从这个角度出发，体育又具有"私人性"，是一种私人商品。

综合来看，体育产品或劳务可以看作一种准公共产品（或称混合产品）。以体育健身设施建设为例，假设不设排他机制，体育健身设施除满足部分体育比赛的需要外，同时也为周边居民提供社会服务。从这个意义上讲，体育健身设施本身就具有极大的公共性。如武汉市的汉口江滩，有大量的体育健身设施和体育场馆，相当一部分是免费的，周边的居民可以从中受益，这是公共性的良好体现。体育场馆和职业体育俱乐部也具有明显的准公共产品特征，美国、加拿大等体育产业发达国家投入巨额公共资金支持专业体育场馆建设。国外学者对公共资金支持专业体育场馆建设的合理性进行了大量研究，他们认为，城市需要公共资金来补贴专业体育场馆建设，否则将无法留住各类专业团队，而这些专业团队是相关城市文化的一部分。除此之外，从结果上来看，体育赞助也具有很强的社会公共产品属性，表现在体育赛事、活动或场馆等体育产品服务都是以公众为主体的。它是对国家财政资金不足的一种补充，可以有效地解决供给不足的困境，既是一种商业性质的活动，也是一种社会公益性质的活动，具有双重性。同时体育赞助的公共性也为体育赞助的税收优惠激励提供了理论依据。

表1-1分析了不同体育产品（或服务）的公共属性。具体如下：第一，体育用品具有较强的效用分割性、很强的消费者竞争力和较强的受益排他性；第二，健身娱乐具有较强的效用分割性、较强的消费者竞争力和较强的受益排他性；第三，体育赛事具有较弱的效用分割性，且排他性和竞争性在一定范围内相对较弱；第四，体育设施设备具有较强的效用分割性、较强的消费者竞争力和较强的效益排他性；第五，全民健身具有很弱的效用分割性、消费者竞争性和受益排他性；第六，体育教育具有很弱的效用分割性、消费者竞争力和效益排他性。为了实现更好的社会效益，应该由政府来提供公共产品。

表 1-1　　　　　　　　体育产品（或服务）公共性分析

体育产品（服务）	效用的分割性	消费的竞争性	受益的排他性
体育用品	较强	很强	较强
健身娱乐	较强	较强	较强
体育赛事	较弱	较弱	较弱
体育设施	较弱	较弱	较强
全民健身	很弱	较弱	较弱
体育教育	很弱	较弱	较弱

值得注意的是，政府和市场，无论是由谁提供的体育产品，都应该包含两种不同的属性：私人属性和社会属性。同时，体育产品的消费过程中还具有一些政治、道德及文化功能，如各种体育交流、比赛活动。

三、外部性的调节

根据外部性理论，外部性（externality）是指企业或个人的行动或决策对他人产生有利或者不利的影响。如果影响是不利的，我们称为负外部性；如果影响是有利的，我们称为正外部性。例如，政府提供免费的公共体育产品或设施，如乒乓球桌、羽毛球场、足球场、篮球场以及健身器材等，这些都具有显著的正外部性。然而，根据经济外部性理论，具有正外部性的产品（或服务）往往会出现供给不足和生产效率低下两个方面的问题。换句话说，仅仅依靠政府，这些免费的设施和公共产品的提供会显得尤为不足，因此需要市场的介入。除此以外，对于公共体育产品而言，不仅有正外部性，还有负外部性。即人们在享受免费公园带来的便利、免费娱乐设施带来的快乐、免费健身器材带来的舒适的同时，并没有投入相应的维护费用，尤其是使用的磨损和各种偶然性的破坏，这些都需要资金的投入，而这些资金的投放仅仅依靠市场也无法完成。基于以上问题，政府需要起到的是一种支持者的角色，即政府可以利用包括税收优惠在内的各类财税政策来支持和促进体育产品和服务的生产制造，从而弥补体育产品和服务的供给不足。

除了体育设施的建设与维护外，体育赞助也具有较强的正外部性，首先体育赞助大量激发各类体育活动的发展与创新，我们称之为同伴效应；其次是在社会上营造一种大众运动的正面社会氛围，我们称之为社会效应；最后是体育赞助凝聚社会责任感，促进企业提高管理水平，对整个社会经济产生积极影响，我们称之为社会经济发展效应。虽然体育赞助的正外部性很强，但它会消耗企业赞助的成本。如果企业在体育赞助上花费太多，会使债务增加或盈利能力下降。从这个角度来看，体育产品的间接外部性也需要政府的介入。通过财政补贴或者税收优惠的方式提升供给者的积极性、主动性，从而提高产品或者服务的供给数量或质量。由此可以看出，体育产业业态关系的外部性无论是正是负，是直接还是间接，均需要财政政策的调控。

需要补充的是，体育补贴也是支持体育产业发展的重要方式，但从某种意义上讲，体育补贴与税收优惠有着异曲同工之处，同样起到了扩大体育产业发展规模、调节体育产业结构的重要作用。

第二节 财政政策促进体育产业发展的现实依据

一、促进体育产业发展的重要手段

从宏观的角度来看，随着市场经济的不断发展和社会变革的不断深入，体育产业越来越成为我国经济发展中不可或缺的重要组成部分，在推动体育事业发展及改善经济结构的过程之中起着独特的作用。从微观的角度来看，体育支出在居民的日常生活支出中的比重日益增加，从一个侧面也体现了人民对美好生活的向往和追求。因此，无论是从宏观还是从微观去看，体育产业逐渐成为创造社会财富、满足社会需要的重要产业。除此以外，从发达国家的经验可以看出，虽然每个国家的发展都有各自的特色，但也遵循着相似的规律，体育产业将成为未来发展最具活力和前景的"朝阳产业"。因此，综合来看，体育产业的作用是多方面的。

（一）扩大体育消费

体育产业发展呈现出多样性和大众化趋势，在这一趋势形成的过程当中，激发起人们参与体育产业的动机和兴趣，尤其是各类新奇的体育项目的出现。更高层次的体育设施、体育场馆及体育服务的兴起，在一定程度上会提升体育市场的需求水平，促进体育活动的开展，扩大体育消费的规模。

（二）改善消费结构

随着人们收入水平的不断提高，消费结构也会发生较大的变化，从传统的衣食住行到需求弹性较大的领域，体育便是其中之一。从这个角度来讲，在供给足够的情况下，人们必然会扩大体育领域的消费，这在某种程度上会改善我国目前的消费结构。

（三）增加就业机会

体育产业本身就是一种包含多种服务项目的产业，并且体育产业中的很多服务项目无法被新兴技术所取代。从这个角度来看，体育领域相对于其他领域而言，吸收的就业人口是比较多的。此外，体育产业与其他产业有很强的相关性，各类体育服务和体育产品、培训、教育、交流等配套服务将随着体育产业的发展而产生越来越多的劳动力需求，这些无疑将会为社会创造大量的就业机会。

体育产业的发展所带来的积极影响不仅体现在社会和经济上，而且还体现在文化上。民族文化和体育产业中的许多活动息息相关，比如中国传统的武术项目，像电视节目"武林风"，一方面增加了人们对体育技能的了解，另一方面也促进了人们参与到体育领域的积极性，同时也是文化精神的体现。此外，大型体育活动，如奥运会和世界杯足球赛，不仅对体育精神有很好的诠释，也很好地传播了一个国家的现代文明。同时，在比赛的过程中，体育产业的发展推动体育精神的传播，体育精神的传播丰富了一个国家文化的内涵，从另一个角度来看，文化又是体育产业发展的基础，两者相辅相成，相互促进。

综上所述，体育产业的发展对于我国全方位发展都有着重要的影响和作用。人们对于体育的需求也不再仅仅局限于强身健体，而是变成了一种可以促进提高生活质量，使生活娱乐性更强的消费品，所以无论是对于国家、社会还是人民，促进我国体育产业的进一步发展都有着极为重要的积极意义。然而在体育产业大力发展的过程中，由于外部性及准公共品性的存在，在体育产业的发展过程中存在着市场失灵的问题。因此，体育产业的发展既需要发挥市场的作用，又需要政府的介入。而作为政府介入市场的主要方式之一，财政政策发挥着巨大的作用。从这个意义上来讲，财政政策是促进体育产业发展的重要手段。

二、引导体育产业发展的主要途径

在体育产业的发展过程中，其供给主体除了政府外，企业也是其中最重要的组成部分之一，因此，引导企业加快体育产业的发展也是政府的一项重任，特别是在当前行业竞争加剧的背景下，提高体育领域企业的产业意识尤为重要。以体育服装产业为例，通过对在政府引导下的国内体育产业的研究，尤其是对产业运营和产业改革方面的研究，我国众多优秀的体育品牌迅速崛起，如361°、安踏、李宁、鸿星尔克，已逐渐成为体育服装产业的领军者。

体育服装领域仅仅是一个缩影，体育产业的发展单靠政府的扶持还远远不够，要积极发展市场经济的优势去引导企业来发展体育产业，通过包括财政政策在内的政策性杠杆引导体育产业、体育企业调整经营模式，提高经营效率，促进行业发展，在现阶段而言显得尤为重要。具体而言，其相关政策主要有：

（一）在地方体育企业征税政策上，可以考虑"民主评税"

所谓"民主评税"，最早是由福建泉州晋江地区提倡的以促进体育用品企业的发展为宗旨，由地方税务部门聘请社会各界代表组成"民主评税工作组"，通过实地调查和规范审计对私营企业的应纳税额进行核查。这样做一方面可以促进税务部门工作效率的提高，使其从繁重的税务核查向征收监管职能转变；另一方面可以体察企业经营状况，减少税收负担，鼓励地方体育企业的发展。

（二）在体育用品企业中实行"低税率，宽税基"的政策

首先，根据国内体育企业总体利润的情况，我们应该考虑如何让体育用品企业形成一个适当的政策偏好，并在此基础上，为国内和外国投资制定一个一致的企业所得税税率。然后确定一个清晰的、标准化的和统一税基的税收成本法。

（三）一些优惠措施可以针对体育产业特别制定

可以通过灵活结合中性和非中性的政策，例如在企业捐赠的税收上可制定合理的减免政策。一方面，税收减免政策为有意于捐赠的企业提供了政策上的支持，激发了企业投身于社会事业捐赠的热情。另一方面，也为社会公益事业的发展提供了方便，体现着政府对于企业捐赠的鼓励态度。同时，也将企业的社会责任感淋漓尽致的反映出来。这是一种人文关怀，体现着企业的形象，也体现着政府的形象，

为社会主义文化事业的发展作出了突出贡献。除此之外，在中西部体育企业的发展过程中也得到了国家的宏观政策的大力支持。

（四）设立体育产业投资财政引导基金，通过创业板和"新三板"上市融资，积极培育和推动中小自主创新体育企业

目前，与欧美发达国家相比，我国中小体育产业企业在资本市场上还远未实现直接融资。例如，2010年美国体育股票和债券的直接融资总额占体育产业企业融资结构的30%以上。国外众多的具有发展潜力的体育产业上市公司正是在资本市场的培育下发展成世界知名公司，如美国的耐克、德国的阿迪达斯等。政府可以通过财政设立发展引导基金促使体育产业中的小企业拥有良好增长的业绩，突出的主营业务和良好的可持续的公司治理结构。通过建立体育产业开发投资引导基金或金融改革投资引导基金，引导它们上市，待上市后撤出。此外，体育产业的发展还可以引导资金对创业板或新三板市场上成功上市的中小体育产业公司给予一定的补贴或激励。体育产业投资引导基金以股权形式对未上市中小企业进行投资，有利于进一步规范公司治理。因为每个基金团队在企业管理、金融、市场营销、理解和判断体育产业和政策方面有丰富的经验，在企业投资后，任命董事参与企业的日常管理、跟踪企业的操作、了解企业的发展所面临的困难，它可以为企业提供一个全面的风险把控与资产配置。基于价值的服务来帮助他们成长，提高他们的盈利能力。特别是对于一些技术和专业企业来说，他们需要公司治理方面的知识和经验，以及这方面的团队。这是引导基金与被投资企业双赢、良性互动的保障：引导基金成功退出，引导企业成长甚至上市。

三、指引消费者遵循体育产业发展原则的重要导向

随着社会经济的飞速发展，社会行为和价值观也发生了较大变

化，而体育产业在发展过程中的价值也越来越突出。我国体育实践的传统定义是全民体育，增强民族体质和竞技体育为国争光，这导致体育的个性化功能被严重削弱，从而也忽视了希望增强体质的群众体育参与者的主导地位。如今，体育产业的消费者作为服务对象带着个人主观意识进行自由选择，供给方提供体育产品和服务以满足人们的需求，紧密结合体育与人的需要和发展，从而有效地扭转了持续很长一段时间的体育产业中忽视个人特色需求的趋势，使体育"以人为本"。体育产业以有主体意识的个人为服务对象，同时，以人的需求为导向，从而提供体育产品和服务。此外，我国体育目标确定和功能认知的主体一直以来是体育管理者和学者。体育产业促进体育和个人的特定需求结合，根据不同群体的需求生产和提供体育产品和服务，这极大地丰富了体育实践的广度和深度，使体育进入成千上万的普通民众的生活，并形成与广大人民广泛互动的多媒体、多层次的体育行为。为了把群众放在体育功能发展的主要位置，基于自身多样化的体育实践和兴趣偏好的人民，越发积极地参与体育目标的确定和体育功能的开发。

在计划经济时期，政府直接向公众免费提供体育公共产品和服务。随着时间的推移，人们已经形成了体育产品（服务）不需要自费获得的观念。然而，由于政府供给能力有限，政府提供的公共体育服务已经不能满足广大群众的需要。体育的基本形式，也很难吸引所有的社会成员，尤其是年轻人。体育休闲娱乐是体育核心产业，很容易带动人们参与体育活动的积极性。近年来，各地不断涌现诸如马拉松比赛等各种健康消费活动，传递着健康的消费理念。这一消费观念的转变除了丰富了居民的日常休闲娱乐生活外，也有效地改变了轻视体育和体育消费不值当的传统观念，优化了我国居民的消费结构，为中国体育产业的崛起奠定了思想基础。

伴随着消费者的深度参与，消费者自身所具有的自发性及体育产业本身的准公共性和外部性，使体育产业难免会产生"市场失灵"

的现象，这时就需要政府利用财政政策来引导消费者遵循体育产业原则进行合理有效的参与。通过税收政策、补贴政策、收费政策等来调动消费者参与体育的积极性，丰富人们的生活，参与消费的同时，规范了人们在体育消费中的行为，如爱护和珍惜公共资源等。

第三节　财政政策在体育产业发展中的体现

一、财政政策在体育产业原则中的体现

在初期，体育产业的发展主要是以政府为主体，伴随着财政支持力度的加大体育产业快速发展，但随着社会和经济的不断进步，加之体育产业因其准公共性及外部性的性质而造成的市场失灵，仅仅依靠财政投入已无法满足和推动体育产业的发展。与此同时，财政税收政策的运用便彰显其优越性，一方面可以调动市场的积极性，另一方面可以调节产业内资源配置，增加政府收入。政府在运用财政政策促进体育产业发展的同时，还要进行体育财政管理，对于政府预算、财政分权及财政绩效评价做出明确的规定及监管，以维持财政政策的执行效力及公正有效。

（一）支出性政策原则中的体现

新中国成立以来，在不同的历史阶段，政府实施了差异化的体育公共财政支出政策。从新中国成立开始一直到改革开放，对体育产业，政府实行高度集中的供大于求的公共财政支出政策。它不仅把体育事业作为一项纯粹的公益事业进行分配，而且把一切与体育事业发展有关的资金纳入中央和地方财政预算。改革开放以后，为了鼓励体育机构，逐步实现"以体为主、多种经营"模式，同时增加体育事

业的财政支出，并实施"分级包干制"的体育公共支出管理模式，体育财政支出逐渐由国家赞助模式转变为国家社会共享模式。1994年，我国出台了"分税制"的财政政策，国家体委和财政部联合发布了《全国综合性体育运动会财务管理办法》，其中明确规定体育公共财政支出政策——"核定收支、定额或定项补助、超支不补、结余留用"，进一步规范和完善了我国的体育公共财政支出政策。

随着我国各项体育事业的多元化发展，政府用于体育事业发展的资金的来源也越来越多样化。根据体育部门的预算和在决算表中公布的体育经费项目，体育总局及各省、自治区、直辖市人民政府的资金来源主要有财政拨款和公共机构的收入，包括活动收入、事业单位营业收入、其他收入等。但从数据上来看，在大多数地方体育局的收入中财政拨款占比达到70%以上，甚至有的达到了96.2%。综上所述，长期以来，公共财政支出是体育公共事业发展的坚实后盾。

（二）收入性政策原则中的体现

收入型政策工具主要是税收。与体育产业紧密相依的有流转税，如增值税（含"营改增"）、消费税、关税、所得税（如企业所得税）。除此之外，也有以房产税为核心的财产税及其他的一些特定目的税（如行为税）。无论是哪种税收，它的功能都是多方面的，不仅仅是为财政增收这一单一功能，而且它是一种收入分配手段，也是一种资源配置的手段。目前，我国的市场机制还没有完全成熟，面对着庞冗复杂的市场环境，市场失灵在各个领域都有不同程度的体现，许多社会和经济问题需要政府采取实际的行政手段来解决。

税收将从三个方面对体育产业产生影响：生产、消费和分销。这种影响具有两面性，既可能是积极的刺激作用，也可能是消极的抑制作用。在所得税和流转税上的具体表现有所不同，前者通过影响投资回报率来影响投资者的投资倾向；后者直接影响到消费者的消费水平，以消费影响投资。消费是当前我国经济发展的主要拉动力，税收在消费上的影响主要基于纳税人的收入差异，表现在纳税人存在的纳税能力上的差异和税收负担承受能力的差异上。就征税对象而言，对不同需求弹性的体育产品征税会使不同规模的体育产品消费发生相应的变化，进而影响其替代产品消费的规模。税收分配实现社会财富再分配的公平合理依托于差别化的累进税率制。正是这些贯穿于体育产品生产、流通和消费阶段的不同的税种和不同的税制要素，影响着体育产业的发展速度和体育消费能力水平。

因此，为了促进体育消费，发挥税收功能，运用综合的税收政策是必要的，只有这样我们才能对体育产业的发展进行引导。税收政策虽然有效地推动了体育产业的发展，但也有以下无法避免的缺陷：首先，税收并非唯一的工具。在市场经济条件下，政府可以采取以收入为基础的政策工具或以消费支出为基础的政策工具来发展体育产业。即使在基于收入型的政策工具中，它也远远不只是一种税收工具。其次，体育产业效率和公平之间的平衡状况会影响税收的有效性。鱼与熊掌不可兼得，现实生活中有时存在双赢的税制改革，但在一般的情况下，我们还是需要在效率和公平之间做出选择，或者失效率，或者失公平。最后，税收体系的结构影响显著。如果以促进型的税收为核心，那么将出现事半功倍的效果，反之则事倍功半。总的来说，税收政策工具并不是万能的，它也是会有一定的不足的。我们应该综合考量，不应该盲目地运用，当经济出现问题时，将一切希望寄托于税收政策工具来解决问题可能会收到相反的结果，造成更加严重的倒退。税收扭曲在带来效率损失的同时，还可能会让税收的政策效应失去效果，因此，在选择基于收入的政策工具时，要考虑全局，克服工具的局限性，充分发挥其积极一面，促进体育产业的发展。

（三）财政管理原则中的体现

1. 完善法制

体育公共财政支出机制的公平性必须由刚性的法律制度来保障。

一方面,《体育法》有必要明文规定各级政府体育的相关责任和公共支出所承担的比例,以避免各级政府责任推诿或双重管辖,尽量避免因为不完善的法律体系和相关法律法规而产生歧义;另一方面,要对各级政府的体育公共财政支出的内容、结构、程序及后果做出明确规定,便于实际操作。

2. 建立以公平为导向的体育公共财政支出绩效评价机制

这个机制首先是要建立以公平为目标的开放式评价指标体系;其次是要囊括各领域的专家,扩大评价主体;最后是要建立健全评价的反馈系统。构建体育公共财政支出的绩效评价机制是平衡体育资源配置,让体育公共财政支出回归到公共利益的重要保障。

二、财政政策在体育产业各层面中的体现

体育产业作为一种社会参与程度较广、污染较小的朝阳产业,只有使用一定的运行载体方能实现其发展壮大。如前所述,其具体活动主要集中在企业层面、区域层面和社会层面这三个层面。从体育产业的三个层面来看,政府在制定财政政策时需要重点考虑其针对性、区域性与全国性等特征的要求,因地制宜制定适合各地区和行业发展的财政政策。

(一) 企业层面的体现

作为微观经济运行主体之一的企业,他们是大多数体育产品和服务的直接提供者,也是依托市场经济发展体育产业的重要参与者。因此,相对于整个体育产业的发展来说企业经济行为的转变有着十分重要的意义。体育产业企业一般来说包括体育服装业、体育建筑业、体育设施业、运动饮料业和体育科研仪器业五大种类[①]。体育建筑行业

---

① 王莉:《有关体育产业的研究述评》,载于《科技信息》2014 年第 2 期。

是一种准公共产品，它主要是提供体育场馆，具有一定的竞争性和非排他性。这类体育用品在消费上具有非排他性，但又不是全社会共享的，它们是具有较大正外部效益的商品或服务。

根据公共财政理论，如果在所有产业和体育用品领域，财税政策支持不分目标、重点，这将不可避免地导致效率低下，甚至导致政府调控政策的失败。因此，必然要有一个优先发展的领域。再者，广大人民群众是我国公共政策执行成果的最终享有者，这历来都是各项政策执行的最根本出发点①。政府需要做到发挥职能满足人民群众体育服务的需求，同时创新服务形式，积极开拓市场。政府干预是必不可少的，干预方式是利用财政政策和税收政策对体育商品进行适当的财政补贴和各种税收优惠，以此来优化资源配置，实现对体育企业生产经营活动的调控和引导。

我国是一个典型的体育用品制造业大国，但不是一个强国。因为我们国家不像发达国家在科技研发、市场竞争、产业规模、技术创新和工业传动等各方面占有绝对先机和产业优势。我国幼稚产业的特点决定了，政府应该灵活使用间接或直接的税收减免等税收优惠，如额外扣除出口退税、加速折旧、税收减免等，给体育用品制造业以税收政策支持。同时鼓励体育用品制造业在增长时期形成产业集聚和规模效应，并通过资本运作、股权投资和其他方式，发挥税收政策的积极影响，使体育产业的结构得以优化，自主创新能力得以加强，突破低端瓶颈，从根本上转型为"中国创造"。

就体育用品及工业而言，税收政策通过改变或影响其在生产经营活动中的加工生产方式，来推进体育用品出口的发展。享受税收优惠的形式有来料加工、来件装配、补偿贸易等。同时，采取全面出口退税、直接退税、投资抵免、税收转移、税收优惠等优惠措施，鼓励企

---

① 谭九生、杨建武：《服务型政府理念下提升政府执行力的对策探讨》，载于《吉首大学学报（社会科学版）》2012年第4期。

业积极参与国际市场竞争。

从上面的论述可见,税收政策可以调节企业的生产运营,如体育用品制造业企业和来料加工业企业。税收具有独特的引导作用,可以引导体育用品市场向正确的方向快速发展。

(二) 区域层面的体现

人均体育事业经费是衡量各地区体育事业发展水平的重要指标[①]。中国各地区的体育事业经费差异巨大。选取东中西部各 3 个省份 2018 年的文化体育与传媒经费数据来进行分析 (见表 1 - 2),结果显示,东部三省市 (北上广) 人均文化体育与传媒经费最高,远远超过中西部地区。由于青海省的人口数相对较少,导致数据显示 2018 年青海省人均文化体育与传媒经费高达 588.3 元,但这并不能说明实际问题。东部三省市人均文化体育与传媒经费是中部三省的 23 倍[②],是西部三省的 2.4 倍,现实差距可想而知。从数据还能看出,中部人均文化体育与传媒经费支出不仅远低于东部,而且还低于西部,呈现凹陷状态。

表 1 - 2   2018 年东中西部各三省的文化体育与传媒经费

省份	文化体育与传媒经费支出 (万元)	人口数 (万人)	人均文化体育与传媒经费 (元)
北京	2454299	2154	1139.4
上海	1865000	2424	769.3
广东	3231783	11346	284.8
安徽	282661	6323	44.7
河南	128792	9605	13.4

---

① 朱汉义:《我国财政体育投入效能实证分析》,载于《上海体育学院学报》2015 年第 1 期。
② 徐秀红、张磊:《教育公平与效率的非矛盾关系辨析》,载于《开封教育学院学报》2019 年第 3 期。

省份	文化体育与传媒经费支出（万元）	人口数（万人）	人均文化体育与传媒经费（元）
湖北	217584	5917	36.8
贵州	607955	3600	168.9
云南	721965	4829.5	149.5
青海	354922	603.2	588.3

资料来源：Wind 数据库。

在很多西方发达国家，在地方预算中体育资金来源占比居于第二的高位，远高于主要用于国防和政府支出的国家预算拨款，体育财政拨款占地方财政之比通常都要高于 50%[1]。尽管各国经济政治体制都存在较大差异，但也能够为我的财政拨款制度提供一定参考，我国可以采用因地制宜的财政拨款制度来支持本地区体育事业的发展。政府在实现体育公共服务均等化的过程中承担着巨大的财政负担。因此可以通过转移支付手段实现均等化，并且可以使不同地区的财政能力和水平逐渐实现均衡，以促进体育公共服务的均衡统一和金融权利的实现，这样地方政府可以更多地投资于公共体育事业。合理分配和利用城乡、区域之间的公共体育资源，使广大群众享有基本平等的公共体育资源，促进区域间体育公共服务均等化。

（三）社会层面的体现

社会体育也被西方人习惯上称为大众运动，它是指"以改善身心健康为主要目的，内容丰富，形式灵活的工农及街头居民自愿参加的体育活动"。对大众体育的投资从资本投资的性质上看属于公益投资，而企业和个人在这方面的投资大多是商业投资，是以营利为目

① 国家体育总局：《第 6 次全国体育场地普查数据公报》，2013 年，http://www.sport.gov.cn/n4/n210/n218/c328625/content.html。

的。健身器材、公共健身、休闲娱乐场所等的建设以及公共场所设备的购买、安装、维护都需要资金投入。"十一五"期间，我国群众体育设施建设规模超过改革开放前 20 年的总和，部分省份甚至超过新中国成立以来的所有总和。健全的体育设施是全民健身的基础，这也是我国社会主义物质文明和精神文明建设取得一定成就的原因之一。

政府加大对体育产业的财政投入，一方面能够获得直接的物质效益，另一方面它产生的社会效益也不可小觑，虽然它产生的大部分现实意义很难用物质金钱去衡量的，也很难用指标去量化，但可以参考以下两个方面：

（1）提高劳动者的素质和生产效率。劳动力素质是否提高可以用来衡量体育运动对经济发展是否存在一定的反作用。竞争意识的提高、视野的扩展、技能的专业化、自信心以及积极健康的生活方式的建立都可以通过参加体育运动来达成，而这些要素也是劳动者高素质的体现。社会劳动生产率的提高必然要求有一支高素质的劳动队伍，离开高素质劳动力队伍去谈提高社会劳动生产率是不切实际的。

（2）提高健康水平。"发展体育运动，增强人民体质"，毛主席的题词鲜明地指出体育与健康的关系，即通过全民参与体育活动，达到全民健康的目的，实现"文明其精神，野蛮其体魄"。健康的身体状况、较低的疾病发生率，在很大程度上提高了整个社会的工作效率，从而无形之中减少了生产成本。并且，发病率的降低会使国家的财政医疗支出减少，减轻了政府的财政压力。

三、财政政策在体育产业发展过程中的体现

体育产业作为一种新兴产业、朝阳产业，其蕴藏的发展空间十分巨大，对于其他产业的联动性也极其突出。推进体育产业发展的工作综合性非常强，它的构建和推进是基于对现代"生产—消费—运行"全过程的改进与整合，针对整个体育产业的产业链及上中下游的环节

进行高效利用并优化资源配置。所以，政府在制定财政政策扶持体育产业发展的时候，应从全盘考虑，包括对于生产端企业的税收政策及优惠政策、在消费过程中对消费者的收费政策以及在运行过程中对体育企业的扶持和监督管理政策。

（一）生产环节中的体现

现代体育用品生产标准化、专业化、职业化。随着体育产业的发展，与体育相关的企业和行业聚集在一起，为公众提供体育服务。这些专门从事体育商品和服务生产的组织，对体育产业的发展有着显著的影响，它也是现代体育产业成熟的标志。

在整个体育产业生产供给过程中，生产的不仅仅是产品还有体育服务，一方面政府通过支出性财政政策为社会提供体育产品和服务，另一方面政府可以利用补贴及税收政策来调节体育企业的生产供给，放弃资源消耗严重、污染较大的体育产品或服务，在生产端控制体育产业的发展方向和发展进度。

（二）消费环节中的体现

伴随着迅速增长的现代体育消费需求，庞大的体育消费市场也随之形成。人们对休闲娱乐的需求，特别是体育需求也随着经济条件的不断提高和生活水平的不断改善而日益增长，伴随着现代大众体育的发展和职业体育越来越受到世界人民的喜爱，体育经济呈现出蓬勃发展的态势。在这种情况下，政府通过财政政策扶持和调控消费市场，增加人们的消费需求，引导更多的人参与到体育行业中，一方面通过收费及税收政策增加我国的财政收入，另一方面增加人们对体育产业的关注及热情，把我国从体育大国打造成体育强国。

（三）在运行环节中的体现

随着社会和市场的不断发展，体育经济的运行逐渐变得规范化、市场化、产业化。体育经济的载体是体育产品，体育产品是一种面向服务的产品。体育经济的本质也是体育产品在生产与需求之间的交换过程。体育产品是一种特殊的商品，它是一种服务，能够多次使用，这样以市场化、产业化、中介化的运作方式推动体育经济走向成熟。政府在体育经济中起到的是中介的作用，即将体育产品传递给体育需求者。而政府在体育产业运行过程中，也就是基于体育需求者和体育生产者之间的产品交换而进行的宏观调控，以此来保障体育产业的发展。

第四节　体育产业发展中财政政策的实现形式

一、财政政策的指导原则

（一）资源配置原则

现代体育产业的发展是追求市场经济的理性自发行为，市场在资源配置中起决定性作用。首先，有必要明确什么项目应该由市场经济主体来完成，什么项目必须由政府来完成，或者由市场经济主体和政府在体育产业发展过程中共同完成。相对现有的体育市场经济机制，不但要充分发挥财政资金在指导和完善体育市场中的作用，而且也要考虑政府的干预是否会产生外部影响。根据公共产品（服务）的分类标准，体育产业产品（服务）可以分为三类：公共体育产品（服务）、私人体育产品（服务）和混合体育产品（服务）。对于公共体育产品（服务）财政分配应更为合理，一方面可以避免"市场失灵"，另一方面可以解决公众问题，如体育用品（服务）供应不足的问题。私人和混合体育产品（服务）应由市场（企业）独立提供，政府可以给予适当的财政支持，例如政府购买等。

（二）政策创新原则

根据年度财政收入的完成情况，逐步追加对体育产业的投资。在现有投资存量的基础上，努力配置一定比例的额外财政资源用来支持体育产业发展，确保体育产业在财政投资中的增速高于公共财政支出和收入增速。基于此，还需要继续创新财政支持方式，逐步取消直接补贴，转向"拨改保""拨改投"等间接补贴渠道，来提高财政资金的作用。"拨改保"是指财政部门与金融部门合作，但合作的主要对象是担保公司，采取贷款担保和风险补偿的方式，发挥金融资金的引导作用和杠杆作用，在一定程度上扩大了配套资金，通过担保公司的形式，专门用于体育产业项目担保。通过"拨改保"，可以扩大担保规模，增加中小企业的担保额度。"拨改投"也是财政部门与金融部门的合作，但合作的主要对象是风险投资基金公司。政府将金融资金委托风险投资基金公司管理，风险投资基金公司募集资金，设立相应的投资基金，并在体育市场进行选择。选择合适的体育产业项目进行投资，最终实现财务和投资公司之间的风险共担和利益共享。

（三）适度开放原则

财政部门作为国有资产的统筹者，既扮演着分配者的角色，又扮演着监理者的身份。一方面应植根于人们的生活需求，合理地通过政府采购来提供相应的公共基础体育设施；另一方面，财政部门作为公共体育服务（产品）的供给者，不仅要科学合理的提供，还要对所提供的公共体育服务（产品）进行管理，要让这些公共体育服务（产品）发挥出最大的效用和价值。例如每年我国财政部门都会对各类学校及公共体育部门等提供大量经费去建造各种体育设施及器材，然而这些资源的使用都有相关的门槛限制，导致资源的使用效率不高，甚至造成资源的浪费。第六次全国体育场地普查数据显示，截至2013年12月3日，全国共有体育场地169.5万个，场地面积20亿平方米；其中，各级教育系统管理的体育场地占比最高，达66万个，占体育场地总数的39%；场地面积10.56亿平方米，占场地面积总量的53%。由此可见，教育系统管理的体育资源在我国整体体育资源中占有相当大的比例，表明还有许多的体育资源可以挖掘利用，充分利用好各类体育资源，可以缓解人民群众健身需求和体育场馆供给不足的现实矛盾。对于资源的使用，财政部门应统筹管理目前已提供的资源，将学校及体育部门等拥有大量体育基础设施资源的场所进行协调调动，可向外界大众适度开放此类场所，提高存量资源的使用效率，惠及大众。与此同时，在面向大众适度开放的原则下，财政部门与学校之间应协同制定相应的使用管理规范，采取相应的措施进行管理运营，并对于体育资源的消耗折旧，财务部可以根据学校体育资源的开放情况给予一定的补贴。另外，对外开放学校体育资源的管理者特别安排工资、场地和设备的维护保养以及公共责任保险。

（四）品牌效应原则

品牌建设在产业发展中极其重要，而目前我国体育产业品牌建设尚处于起步阶段。仅就世界十大体育运动品牌这一指标来看，意大利有4个，美国和德国各2个，中国为零，而NIKE、ADIDAS、PUMA等世界知名品牌均在我国设立了非常多的工厂（数据来自Wind数据库）。我国体育用品企业目前只是通过帮助这些世界知名品牌做代工，来获取少量的加工费用，而大部分的利润归国际品牌商所有，表明我国的体育用品企业一直在整个产业利润链的最底端，付出了大量的劳动成本而无法获得相应的回报。因此，我国体育产业的品牌建设迫在眉睫，政府应在体育产业发展引导资金中，将体育产业品牌建设作为重点扶持对象，对于获得省级以上知名体育品牌的企业给予一定的补助，充分激励企业对体育品牌创造和建设的主观能动性。

（五）人才培养原则

人才是经济社会向前发展的根本保证，是国家综合国力提升的最关键因素，也是一个产业发展壮大的基本动力。各种自然资源和社会资源都只有在人才的操纵下才能为社会创造财富。显然，体育产业要想发展必须依靠人才。人才的竞争是未来竞争中的主要方向，体育产业要想又好又快的发展也必须依靠高素质的人才队伍。然而，目前我国体育产业严重缺乏熟悉财务、策划等方面的综合型管理人才，从而导致我国的体育产业发展受限。因此，加快体育产业管理人才特别是复合型人才的培养迫在眉睫。

（六）产业集群原则

体育产业集群不是体育产业的简单集聚，而是一个具有生命功能的有机体，它是企业与支撑体系在某一区域的体育产业链上相互作用、相互影响的有机结合。集群开发可以减少各种中间障碍，共享设施、劳动力市场和服务，提高体育产业运行效率，使大量生产相同或相关体育产品的企业在一定地域范围内形成一种十分强大的生产网络[1]。体育产业及其相关产业的整合与发展，是我国体育产业向规模更大、实力更强方向发展的必然选择。在市场经济自发的前提下，应努力增加体育产业集聚区的数量并不断提高集聚的规模效应，保持集群的正外部性不断增长，为体育产业提供一个良好的互动环境和产业集聚区。此外，我们还应重点关注税收、会计、资产评估、担保、法律等服务产品，使交易成本和业务成本不断降低。

（七）体彩管理创新原则

首先，不断改善体育彩票管理模式，将彩票发行收入纳入政府性

---

[1] 张自如：《体育产业资源所有权属性、交易模式及制度改进》，载于《经济研究导刊》2019 年第 20 期。

基金；同时，加强监督公共福利基金和制定彩票公益金的年度预算，并细化到具体项目，使专项资金不得用于平衡各种政府基金预算，更不用说排挤、滥用或非法使用专项基金。同时应定期向公众披露信息，增强公信力与透明度。其次，适当提高体育彩票返奖比例，目前我国体彩返奖比例约为50%，其回报率相对国外彩票较低，国际上的高频和竞技类彩票返奖比例一般在80%~85%，远高于50%，导致国内彩迷们流失，严重影响了我国彩票的发行收入。最后，有效降低发行体育彩票的成本。应逐步减少线下体育彩票实体店，多采用线上销售模式，通过销售的无纸化和电子化来显著降低发行成本。

（八）产业联动原则

在国民经济运行过程中，各产业之间存在着错综复杂的技术上的或经济上的联系，供给者与需求者关系在各行业之间也广泛存在。每个行业的生产一般都需要其他行业提供原材料等，同时自己的产出也为其他行业提供消费资料。作为非物质的生产部门，体育产业的带动关联性很强，体现在产业链的各个方面，如生产部门和服务部门。体育产业的发展也会带动当地诸如旅游业等消费市场的蓬勃发展，为地方市场增添活力。体育产业的联动效应还体现在其他行业上，如服务业、通信业、纺织业、机械业等，它们是体育产业发展的基础。通过实证研究，也可以得出体育产业要想发展，就必须依靠它存在和发展的物质基础，也就必须要推动其他相关实物产品生产的发展的结论。另外，产业之间的关联性还具有一定的反作用，具体表现在相关产业的发展能够直接或间接促进体育产业的发展，也能够对国民经济产生辐射和扩散[1]。

（九）政策扶持原则

体育产业的发展需要政府发挥职能，出台政策予以支持。具体的

---

[1]　李国、孙庆祝：《我国体育产业发展与国民经济增长关系的实证研究》，载于《武汉体育学院学报》2019年第1期。

操作过程可以借鉴其他行业的成功经验，如 2014 年由国务院发布的《国家集成电路产业发展推进纲要》，该文件在集成电路产业认证体系、投资和融资、税收、收入分配、人才吸引和培训、知识产权保护等方面提出了鼓励产业发展的政策措施，极大地规范了集成电路市场，为集成电路行业的发展添砖加瓦。目前，我国的体育产业尚处于羸弱的状态，短期内很难改变，依靠自身快速发展几乎不可能，特别需要政府的支持和有效的保护政策。随着我国"入世"时间的加长及国内市场机制仍在完善阶段，大量的国外体育产业涌入我国，占据我国的体育市场，这给本就弱小的国内体育企业以重击，给我国的体育产业带来长远的"寒冬"。这从另一个侧面反映出我国对体育产业的政策并不成功。由于国家产业政策的失败，中国其他产业被外国企业所占领的案例不胜枚举。因此，要改变这种状况，必须要调整体育产业的发展政策，立足于我国幅员辽阔、发展不平衡的现实，我们可以因地制宜制定不同的产业政策。一般的产业政策是无效的、有针对性的、特殊性的产业政策才是王道，根据实际情况制定的产业政策可以更好地抓住当地体育产业发展的重点，更明确地把握住体育产业发展的方向。解决了方向问题和重点问题，体育产业可以以最好的布局与结构在不同的地域扎根发芽。

二、财政政策的功能作用

随着我国经济发展进入新常态，我国的发展转向高质量的、绿色的可持续发展，财政政策的目标也相应地发生改变。体育产业是一种朝阳产业，其可持续发展能力是巨大的，财政政策在促进体育产业发展中的作用主要体现在以下几个方面：

（一）资金投向引导功能

如上所述，体育公共基础设施是一种公共产品，而市场经济主体从投入产出视角考虑，基本上对体育公共基础设施是避而远之的，因此属于"市场失灵"领域。"市场失灵"现象在体育产业中时有发生，而财政政策通过资金投入对体育产业进行宏观调控，可以有效地解决"市场失灵"问题，如通过财政补贴，发挥财政资金的乘数效应等。这些措施有效地保证了体育市场的供需平衡，从而使体育市场呈现健康发展的态势。

（二）资源配置优化功能

资源配置是指国民经济各领域的人力、物力、财力的配置。资源配置的主要原因是资源本身是稀缺的，现有的资源无法满足发展的需求。因此，有必要在各种可能的使用中选择各种社会和经济资源，以便尽可能有效地利用所有资源，从而获得资源配置的最大效益。对于现在全球经济发展来说，资源的优化配置是经济发展潜力的重要引擎，是社会可持续发展的关键。配置资源的手段主要有市场和政府两种。市场手段通常被称为"看不见的手"，政府调控手段被称为"看得见的手"，市场手段在配置资源中起着决定性的作用。在市场经济中，虽然市场对资源配置的结果是相对有效的，但资源配置的结果不能仅仅依靠市场的作用而达到"帕累托最优"状态，市场的作用不是万能的，还存在"市场失灵"现象，而且这种现象的范围很广。"市场失灵"呼唤政府的干预，财政政策是政府对市场进行干预的方式之一。

由于体育产业具有公共产品和外部性的特点，因而"市场失灵"一般性地存在着。基于体育产业在国民经济和国民健康中的重要地位，政府就必须运用财政政策扭转市场失灵、优化资源配置。通常情况下，政府财政通过安排预算支出来调节资源的优化配置，通过整合自然资源和社会资源来把有限的资源分配到体育产业发展最需要的领域。

三、财政政策的支持方式

如前所述，由于市场失灵的存在，政府需通过财政政策来提供体育公共产品。收入性财政政策有着其他财政政策没有的特点，以此促进体育产业的发展，甚至在某些情况下有自己的体系。

支出性财政政策包括两种类型：一种是投资性支出财政政策，另一种是消费性支出财政政策。政府通过实施加大财政投入的财政政策，在体育产业的发展上促进配套公共设施建设的进行，如大型公共体育馆、老年人活动中心、青少年活动中心、各类体育基础设施建设等，这就是积极的投资性财政支出政策。伴随着积极的投资性财政支出政策的实施，在整个市场上会营造出一个相对公平的竞争环境，这将极大地激发企业的积极性。在消费支出财政政策方面，政府主要通过满足基本体育公共服务来维持市场。财政补贴政策是指政府通过补贴、折扣等形式的财政支出，鼓励企业参与体育服务和产品的供应和运营，从而促进体育产业的发展。一般来说，补贴和代金券是两种常见的补贴形式，补贴是以税收优惠、拨款、低息贷款和商业活动场所等形式向公共服务生产者提供的政府补贴。补贴相当于降低特定服务的价格，让消费者用同样的资金购买更多的服务。在体育公共服务领域，补贴作为一种激励手段，在政府部门为各类体育公共服务提供者提供有效服务的激励中发挥了重要作用。例如，学校、社区体育俱乐部以及青少年体育俱乐部等。为了鼓励他们有效地为居民提供体育公共服务，政府通常提供政策支持、实物补贴、财政补贴和其他补贴等。政府对各类供应商的补贴比例和补贴数量，往往取决于区域经济发展水平以及补贴对象的性质。在补贴制度下，政府部门的职能体现在两方面，一是支付相关费用给那些体育服务的生产者，二是参与管理体育团体。财政补贴能让政府主动通过影响市场上的价格结构来影响企业的生产行为，从而实现资源的有效配置。因此，可以得出结论，促进体育产业发展的财政政策体系建设至少应该包括两个子系统，即促进体育发展的财政支出政策体系和财政收入政策体系。

税收政策是主要的收入财政政策，它由税收法律、法规、规章、办法和征收管理措施组成，通过界定税收征收范围、设立税种、设立税收目的、确定税收计算依据、设计税率、减免税收优惠等方式筹集国家财政资金。税收政策是在一定的财政学理论指导下，根据特定时期国家宏观形势的客观要求制定的。实际上，根据不同社会发展阶段，税收政策的内容和特征也不相同。纵观世界各国所实施的政策，大致可以将其分为两类，税收政策和税收优惠政策。税收政策通过对相关的经济活动或行为进行征税而达到一定的经济发展目标，它的最终目的是影响人们的决策。税收优惠政策体现的是一种特殊性，它更能体现政府的财政政策支持，一般是指政府对某个特定的行业采取区别于一般的税收政策，提供一定的税收优惠。它是一种鼓励性质的政策，其目的是鼓励实施者的行为。

第五节　体育产业发展对财政政策的影响

一、丰富了财政政策的调整内容

在完善的市场经济体制中，市场主体可以自主完成结构调整，但市场失灵也同样存在，需要政府的宏观调控来配置资源[1]。考虑到我国经济体制正在转型之中，同时针对体育产业发展的特点，市场机制的缺陷需要政府的财政政策来弥补，从而促进体育产业的发展。同

---

[1]　刘战伟：《政府干预、市场化进程与农业生产效率》，载于《北方园艺》2019 年第15 期。

时，随着体育产业的不断发展，我国财政政策的运用也迎来了挑战，所以必须不断丰富我国财政政策的内容，才能对我国体育产业的发展产生更好的促进作用。

第一，即使在市场机制比较完善、经济高度发达的国家，由于各种"市场失灵"问题，如信息不对称、垄断、公共产品无法提供等，仍然需要政府采取行动来对市场资源进行配置。而我国建立社会主义市场经济体制时间不长，市场机制还不够完善，市场的很多自我调节功能得不到有效发挥，导致市场失灵愈加严重，政府干预也不得不扩大。因此，对于国家财政政策的有效实施也是一个挑战，我们需要调整财政政策的力度和方法，以有效弥补市场机制的不足，促进产业的发展。

第二，公共产品具有非竞争性、非排他性，体育产品具有公共产品的属性不需要证明。在新常态下，体育市场可以做到社会效益和经济效益相统一，体育产业的公共属性决定了体育市场两种效益要一起抓，绝不能有失偏颇[1]。这一属性也表明想单纯依靠市场来自我调节是远远不够的。因此，体育公共产品需要纳入财政政策调控的范畴，以全面规范体育产业的结构和发展。

第三，在供给侧改革大背景下，我国经济发展要想与国际发展接轨，必须要有"赶超性"[2]。我国体育产业发展落后，体育产品在国际上竞争力不强。面对这样的现状，国家财政政策的调控对于我国体育产业的发展有着不可估量的作用。因此，当务之急是要借助国家财政资金的支持和相关政策的扶持来实现超常规发展，以提高中国体育产业的国际竞争力。

第四，在不平等的国际环境中，发展中国家是"被剥夺"的对象，单凭自身产业的实力想在国际市场中分一杯羹是很难的。经济学

---

① 姜同仁：《新常态下中国体育产业政策调整研究》，载于《体育科学》2016 年第 4 期。
② 黄奕信：《供给侧改革视角下的中国战略性新兴产业发展战略与研究》，载于《改革与战略》2016 年第 6 期。

家罗斯托曾经说过："第三世界的政府要比发达国家的政府承担更大的责任，是不可避免的。"① 以我国体育用品制造业为例，它仍然处于制造和加工阶段，所以引入政府保护政策显得更加必要。

第五，体育运动与科学技术一直都是紧密相连，近年来尤其如此，科学技术在场馆建设、装备配备、训练手段等多个领域都是十分重要的。然而，在当前的市场环境中，企业的最终目的在于利益最大化，所以往往不愿意在高风险、高成本、产出周期长的科技研发中投入资金。当前中国体育企业不愿意花钱解决关键技术问题的现状只能由政府来解决。

由于以上五个方面的客观现实的存在，我国财政政策必须丰富其调整内容，使其与体育产业的发展相适应，这样才能对其发展方向和高度作出良好的引导。

二、改善了财政政策的调整结构

随着体育产业的不断发展，"体育产业结构"也逐渐呈现一种多元化、复杂化的趋势。政府为了更好地支持和促进体育产业的发展，必须充分了解体育产业结构，不断地完善财政政策，使其产业结构得到调整，才能牢牢地把握住体育产业正确的发展方向。"体育产业结构"指的是体育产业内各个生产部门之间的技术经济联系以及数量比例关系②。基于对体育产业结构的掌握，政府对于财政政策可以从产业结构、区域结构等方面进行优化。

第一，作为整个体育产业的"火车头"，本体产业的发展能够对相关产业的发展产生极大的推动作用。然而，目前我国体育产业本体产业的支柱作用并未凸显。从中国体育相关产业的所占比例中，可以

---

① 托达罗：《发展经济学》，机械工业出版社 2014 年版。
② 毛长庚：《体育产业结构与产业布局政策选择》，载于《技术与市场》2016 年第 6 期。

看出我国体育产业产值结构占比极不合理，体育用品业占比过大（见表1－3）。因此，我国财政政策应着重以提高非体育用品业比重来发展和培育我的体育产业，且正确认识体育产业，把握发展方向。

表1－3　　　　　中国2017年体育产值情况比较

项目	经营收入（亿元）	比例（％）
健身娱乐业	581.3	2.6
竞赛表演业	231.4	1.1
体育用品业	17804.4	80.9
体育管理活动	504.9	2.3
其他收入	3817	13.1
合计	22357.7	100

资料来源：Wind数据库。

第二，从区域结构来看，中国的社会呈现二元结构，即由于经济、社会、资源等因素的造成的城乡差距、东西差距。作为地方GDP组成部分的体育产业，二元结构也十分显著，经济发达的东部沿海地区体育产业相对发达，而经济相对落后的中西部体育产业规模尚未形成。从表1－2和表1－4可知，我国的体育市场发展比较畸形，东部和西部存在相对过剩和短缺，区域结构性矛盾十分突出。因此对于体育产业发展较好的地区应保持快中求稳、求精，而对于体育产业发展较为落后的地区，扶持力度急需加大。

表1－4　　2017年我国部分省市体育、文化和娱乐产业发展比较

项目	北京	上海	浙江	海南	四川	青海
营业收入（亿元）	1349.01	473.31	608.45	36.55	233.59	9.33
占GDP的比例（％）	4.8	1.5	1.2	0.82	0.6	0.4

资料来源：Wind数据库。

三、为财政收入提供了新的来源

体育产业的发展为财政政策提供的收入来源主要集中在以下几个方面：

（一）联动产业税收方面

产业结构决定了一个国家的税源结构，在以第三产业为主导的产业形态下，以科技研发为基础，以知识、经验、技能、智慧为依托的服务业，将逐步占据经济发展的主导地位。服务业带来了广泛的消费，使税基不断增大，税源也不断地扩充，这样下来所带来的税收收入是十分可观的。这为促进体育经济的发展奠定了良好的基础。接下来，以体育竞赛为例，分析体育竞赛周期不同阶段的税收和产业构成。

1. 体育赛事前期

体育竞争经济主要表现在新体育投资对经济发展的拉动作用，这是整个体育经济中持续时间最长、规模增长最大的阶段。为了增加对体育竞赛的原有投入，必须要增加一系列体育投资。它主要由以建筑业为代表的第二产业和以交通运输业、邮电业为代表的第三产业组成，面向的是体育场的运营、体育设施的建设及其他基础设施建设。由此拉动地方税收收入增长，其中体现在邮电通信行业和体育建筑业上的增长最快，且在赛事后续中也在不断增加。

2. 体育赛事中期

在体育赛事中期阶段，体育经济的增长主要来自体育赛事组委会的消费以及国内外新消费，尤其是旅游业的消费。旅游业是一个外部性很强的行业，在促进商业、旅游、交通、餐饮、社会服务、文化产业等方面发挥了重要作用。在此期间，税收收入主要来自体育用品、门票、当地旅游景点、餐饮住宿等娱乐设施的销售。以第27届悉尼奥运会为例，从奥运周期来看，奥运会举办当年，游客人数和消费金额达到了峰值，几乎是奥运会前后时期的总和（见表1－5）。

表1－5　悉尼奥运会主办地新南威尔士州游客支出及相关税收情况

单位：百万美元

支出	旅游消费支出	旅游业销售税变化
奥运会筹备期	116.3	17.8
奥运年	272.2	48.2
奥运会后期	138.5	25.6

资料来源：《奥运经济与奥运会市场开发信息资料汇编》，国家体育总局信息中心研究部，2003年。

3. 体育赛事后期

随着体育赛事的结束，体育项目和基础设施投资逐渐暂停，因赛事而带来的游客人数快速下降，体育经济发展速度急剧下降。在后期阶段影响体育经济可持续发展的主要集中在旅游业、文化（以会展行业为代表）、体育、公共服务等第三产业的发展。从目前地方税收来源结构来看，文化、体育、娱乐等行业税收占税收总额的比重仍然较低，体育赛事的举办将改变这一比重。然而，在体育赛事的策划中，对体育文化产业的投入比例仍然很低。从体育文化产业的税负来看，个人所得税显著高于企业税负。事实上，这些行业的个人税负高于企业，给体育人才的培养和成长造成一定的影响。

通过以上分析，体育产业发展的结构联动作用带动了商业、旅游运输业、餐饮业、社会服务业、文化产业等的发展，对于政府而言，增加了相关产业的税收收入，为财政收入提供了广阔的来源。

（二）产业内企业税收方面

体育产业是指从事生产体育用品和提供体育服务的企业及有关组织机构。社会的发展和生活水平的提高使人们越来越关注精神消费，也有更多的能力实现精神消费。此时人们的消费目的不再是满足温饱，而是追求健康，追求质量。在这样的背景下，提供体育产品的体育产业也迎来了发展的黄金时期。随着市场的扩大，体育产业给国家所带来的税收收入在整个税收收入中所占的比重也越来越大。

（三）体育彩票方面

凭借我国拥有众多体育人口的先天优势，通过发行彩票可以有效地为体育事业的发展提供资金支持，还可以激发起人们对体育领域的兴趣，通过"快乐税收"的形式增加国家财政收入。在 2016 年 1 月，国家税务总局规定：对个人购买彩票一次中奖金额不超过 1 万元的，暂免征收个人所得税；对一次中奖金额超过 1 万元的，应该按照税法规定金额征收个人所得税，比例统一为 20%，随着一个个百万元彩票大奖的开出，纳入国库的个人所得税也大量增加[1]。

（四）体育收费方面

随着社会和经济的不断发展，人们日益增长的精神文化需求越发强烈，对于大型体育赛事、体育表演等观赏需求也逐渐升温，与之伴随而来的门票收入及相关收费也在不断增长，增加了财政收入的经济来源。

四、为促进体育产业发展的改革目标

在计划经济体制下，国家体育制度的实施主要依靠政府资金。这种单一的财政投入模式尚未在市场机制中确立，随着人们生活水平的提高，增加了有限的体育需求。社会的发展使人们对体育的需求急剧扩大，仅仅依靠政府投资是不能满足当前我国体育发展的需要

---

① 国家税务总局：《偶然所得个人所得税征收管理办法》，国家税务总局官网。

的。有限的财政投入与人民群众多层次、全方位体育需求之间的矛盾日益突出。

根据国民经济体系转型的要求，体育管理系统也应该逐渐与社会主义市场经济体制接轨，并逐步建立一个适应社会主义市场经济体制、符合现代发展模式的体育管理系统。为了这一目标的实现，就需要改革和完善财政投资方式，依托社会促进体育产业的发展，扩大资金来源，最终形成良好的市场循环经济从而促进自身发展活力。

小　结

本章主要介绍了体育产业与财政政策，包含五节内容。第一节讲述了财政政策促进体育产业发展的理论依据，本节从三个方面阐述该理论依据。第一个方面是论述财政政策与体育产业发展的"市场失灵"，揭示了在体育产业中运用财政政策的必要性；第二个、第三个方面分别论述了财政政策对体育产业公共性、外部性的调节，揭示了财政政策在体育产业中的重要作用；第二节论述的是财政政策促进体育产业发展的现实依据，主要是从财政政策是国家发展体育产业的重要手段，是指引消费者遵循体育产业原则的重要导向，是引导体育产业发展的主要途径三个方面加以充实论述；第三节论述的是财政政策在体育产业发展中的体现，具体包括财政政策在体育产业原则、层次、过程中的体现；第四节论述体育产业发展中财政政策的实现形式，包括体育产业发展中的财政政策的指导原则、功能作用、支持方式三种实现形式；第五节论述的是体育产业发展对财政政策的影响，通过论述体育产业发展，丰富财政政策的调整内容、改善财政政策的调整结构、为财政收入提供新的来源、为财政政策的改革提供借鉴四个方面具体阐述。

财政政策促进体育产业发展的运行机理

第一节　财政政策促进体育产业发展的着力点

一、两种导向的财政政策差异性分析

为应对经济中的有效需求不足，传统经济理论认为应该实施扩张性的财政政策。采取的措施主要是扩大财政支出，加大对基础设施等的投入，向市场注入活力；降低税收，提高企业和个人的可支配收入。在经济萧条的时期，适当的财政赤字是合适的，在这方面，人们倾向于关注财政政策的总体效果。对于财政政策促进体育产业的发展，则是从另一个角度入手，既包含了支出性的财政政策，也包括了收入性财政政策，两者相辅相成，对于促进体育产业的发展发挥着重要的作用，但这两种导向的财政政策也有自己的差异性，主要体现在以下几个方面：

（一）调控：直接性与间接性

体育产业财政支出的增加直接扩大了体育产业的有效需求，在乘数效应下，体育产业内的需求将会产生连锁性的扩张，所以，这种调控是直接性的。收入性的财政政策则是一种间接性的调控，它通过减

税的方式降低企业和个人的税收负担，增加他们的可支配收入，以收入的增加带动投资和消费的增加。这种方式具有不确定性，人们在多大程度上接受以及接受后是否将收入作用于实体经济都取决于居民个人的选择。收入性财政政策可能会导致储蓄率的增加，因此相对于政府来说，其调控效果是间接的。

（二）传导：政府机制与市场机制

政府通过扩大支出性财政政策的规模来传递政府意图、支持产业发展。在资金的使用分配上，政府系统处于核心地位，政府采用行政方式来完成，并且在整个过程之中负责监督。在这个过程中，政府的行政效能发挥决定性的作用。因此，通过支出政策来实现需求的扩张是通过政府机制实现的。收入政策是政府以税收的手段通过调节市场主体的收入，从而实现刺激市场的供给和需求，使市场充满活力的一种政策。居民和企业将可支配收入用于投资或者消费，这都是一种市场行为，它们都受到市场利益的驱使，都是为了满足自身的需求，实现利益最大化。因此，政府选择并实施减税计划，是通过市场机制传导的，是一种市场机制的体现。

（三）重心：需求管理与供给管理

支出性财政政策主要作用于需求方面，通过财政支出直接作用于公共供给，扩大有效社会需求。收入型财政政策既影响供给也影响需求，但对前者的影响更为明显，其作用机制主要是通过增大投资和劳动力投入，即通过增加供给来增加产出。

（四）目标：短期均衡与长期均衡

支出政策是一种政府机制，它是将资源进行宏观配置，从而有效地解决短期内的"市场失灵"现象，达到短期内的均衡。但从长远来看，要想经济在更高发展阶段上实现均衡，支出政策往往不能达到这样的目标。因此，要依靠市场体系和竞争机制的力量，不断激发经济活力和创新活力。在这方面，收入政策可以更好地实现支出政策所不能达到的目标。

二、财政支出作为促进体育产业发展的着力点

提供体育公共服务是政府的重要职能之一，政府在提供体育公共服务时，必然会直接或间接产生各种费用支出。因此，体育公共服务支出是财政支出的重要组成部分。体育公共产品的提供从某种意义上讲，也是体育公共服务的延伸，因为公共产品的建设（如体育场馆、体育设施的建设）最终的目的还是提供公共服务，从这个角度出发，他们只是一个中间产品。因此，体育公共产品的支出，也可以计入公共服务领域。综上所述，体育公共服务支出可以成为体育财政的出发点和落脚点。

体育公共服务的发展是以经济为基础的，需要投入必要的人力、物力和财力。财政保障是政府提供体育公共服务、满足社会公共体育需求的重要手段，是完善体育公共服务体系的前提和基础。由此，财政支出作为财政政策促进体育产业发展的着力点，要从体育公共服务出发，其主要侧重点有以下几个方面：

（一）充分重视公共体育服务工作

在体育服务的发展上，政府要发挥积极作用。在新中国成立70周年、改革开放40多年的今天，在"健康中国"口号下，各级政府要积极地把推动体育服务的发展作为政府的重要职责，要摆在政府的工作议程之中，切切实实做好相关工作，保障人民群众享受体育健康的权利。政府要建设服务型政府，首先要做到的是保证人民群众的幸福感和获得感，公共体育服务是人民保持健康的基础，也是幸福感和获得感的基础。要把促进公共体育服务的发展纳入国民经济社会发展

的规划中，把公共体育服务的发展上升到国家战略的层面，更加重视公共体育服务的发展。公共体育服务是一项民生事业，应该纳入各级政府的民生项目之中，并且作为一项考核指标。只有这样，才能不断推动体育服务逐步提升。

（二）正确划分公共体育服务事权

权责明晰是体育服务健康发展的保证。各级政府要明确事权范围，发挥各自的职能，形成合力，让以公共服务为主体的体育产业在我国落地生根，茁壮成长。一般认为，具有公益性、基础性和普遍性的公共体育服务以中央财政为主；具有区域性特征的体育公共服务以地方财政为主，中央政府和地方政府相互配合，合理配置体育资源，共同建设体育国家。合理划分中央政府与地方政府在体育财政支出的范围，有利于提升效率，促进公平，最大限度实现公共体育服务的均等化。

（三）建立均等化财政转移支付制度

我国区域发展的不平衡性决定了转移支付制度在体育公共服务建设中的重要作用。要发挥好一般性转移支付的积极作用，提高一般性转移支付的支付比例，建立健全一般性转移支付的增长机制，尽量减少地区间的财力差异。专项转移支付作为一种针对性很强的转移支付，要充分发挥其作用，提高专项资金使用效率，让"好钢用在刀刃上"。大力清理、整合、规范专项转移支付，严格控制专项资金用途，加强对专项资金的监督力度。

（四）完善公共体育服务财税政策

首先，要调动包括财政政策在内的一切积极因素，团结各种社会力量，共同建设公共体育服务。其次，建立完善财政激励机制，以奖代惩。如中央财政对建设公共体育服务较好的地方政府，通过树立典型、给予奖励等方式调动全国各级政府参与建设的积极性。此外，还可以采取财政奖励政策，鼓励社会群体加大对公共体育产品的投入力度。

（五）拓宽公共体育服务财政投融资方式

体育产业发展必须要拓宽投融资渠道。第一，发挥体育彩票在融资上的作用，积极开发新品种，建立多元化、大规模的体育彩票发行机制。第二，推动市场开发，尤其是 PPP 模式的应用，通过 BOT、TOT、ABS 等形式，一方面要完善现有的融资方式存在的不足，规范现有的融资渠道；另一方面积极开拓新的渠道，借鉴国外先进经验或者依据本国的国情制定出独特的融资方式。第三，运用好体育发展基金和金融工具，让金融回归本质。第四，积极培育中国体育资本市场，让体育市场日趋完善。

（六）加强公共体育服务财政管理

第一，完善公共体育服务财政管理体制。财政要有效率，在必要时能够及时准确地投入，这就需要加强各政府部门之间的统筹协调，互相配合。第二，加强公共体育服务财政投入资金的预算管理。合力分配好预算资金，完善国库支付是财政投入效果的重要因素，坚决防止在财政资金预算中发生任何的腐败。第三，强化公共体育服务财政监督。设计合理的监督制度并加以完善，强化多重监督，引入社会监督，提高资金使用透明度。第四，建立健全公共体育服务财政绩效评估。强化绩效在个人发展中的重要作用，通过严格的科学的指标进行定量定性分析，对整个财政资金的使用效益做出科学的评估，根据评估结果做出相应的奖惩安排，确保资金使用到位。

三、财政收入作为促进体育产业发展的着力点

随着财政投入的增加，我国体育产业也在快速发展，越来越多的

体育企业、体育产品、大型赛事等为我国财政收入提供了重要来源；财政收入又反过来作用于财政支出，为财政支出提供了稳定的动力。财政收入作为财政政策促进体育产业发展的着力点，主要考虑的就是税收政策。税收是保证国家机器正常运行、满足社会公众需求和实施经济调控的主要手段。它是国家财政的主要来源，主要用于国家提供社会公共产品和服务，是政府履行职能的财政保障。中国体育市场目前的活跃程度前所未有。政府运用适当的财税等手段和政策，鼓励社会投资和支持体育活动，促进体育产业的发展。

（一）税收政策支撑体育产业发展所存在的问题

作为一项重要的财政政策，税收对体育产业的发展有其独特的作用，但是其作用是有限的，不是体育产业发展的万能神药。正如我国台湾学者所言，如果减免税要用得有效益，体委会则不能在便宜行事的心态下滥用①。任何税收政策都要有法律依据，法定的基本原则不容僭越。税收法定就是指国家征税一方面要必须有法可依，另一方面要有法必依，依法纳税和征税。而现在的法律一般情况下指的是最高立法机关制定的法律，而不是行政法规及以下级别的文件。在制定体育产业指导意见或规划时，政府应充分考虑税收法定对税收措施的约束，特别是对税收优惠支持作用的约束，而不要随意地在规划、意见等非规范性文件中写入财税措施。

（二）税收政策促进体育产业发展的必要性

由于经济社会的发展与体育文化的不断渗透，体育产业已成为国际上发展最快的新兴产业之一。我国的体育产业自改革开放以来已展示出充分的活力，称之为"朝阳产业"，具有良好的社会综合效益。

---

① 曾巨威：《光靠租税优惠永远投不进好球带》，2012 年，http：//www.npf.org.tw/post/1/5610。

它与经济发展水平同步，是一种绿色产值高、外部性强、可持续发展的产业，符合目前我国提出的绿色高质量发展目标要求。据有关统计，2008年奥运会期间，体育产业收入约30亿美元，间接收入高达50亿美元，[①] 体育产业呈现出能耗低、污染小、附加值高等特点，为社会经济发展注入了新的活力。

体育产业具有良好的产业优势，但我国体育产业仍处于发展的初级阶段，具体表现为规模较小、竞争能力弱、适应能力不强等。因此，政府宏观调控、优化资源配置就显得十分重要。政府宏观调控的手段有很多，不仅有行政手段、法律手段，同时还有包括财政政策、税收政策在内的经济手段。除了加大投入体育财政资金外，还有税收激励政策。税收优惠（激励）政策是国家宏观调控的重要措施之一，它主要的方式是对产业的发展方向进行引导，激发投资者的积极性，点燃社会对体育产业的热情。它是一种后天保护政策，对于促进体育产业的稳定发展具有重要意义。

（三）优化体育产业税收政策

1. 构建促进体育产业发展的税收政策体系

税收政策关系着体育产业的发展，税负的轻重是体育产业生存与否的关键。因此，我们要制定出合理的税收政策体系，既体现优待，又体现公平。争取建设一个税负公平、竞争公平的良好环境，让体育产业既不处于养尊处优的状态，也不处于风雨飘摇的窘境。

2. 统一各类企业税收

首先，对国内外的企业应该进行统一征税政策。对各企业采取同一征税政策，减轻国内体育企业的税负，以促进国内体育企业积极投入体育产品生产开发中去，从而力争做大做强本土体育企业，稳定其在国内市场的占有份额，提升其在国际市场的竞争力。其次，应降低

---

① 宏源证券发布的《2015年中国体育产业研究报告》。

体育企业增值税纳税人的划分标准。提高起征点，降低征收率，最终使一般纳税人和小规模纳税人在征税过程中得到无差别对待。最后，鼓励在体育税收政策制定过程中，采纳体育产业经营管理方面专业人士的意见，以达到体育企业税收政策真正意义上的平等。

3. 加大法律支持和税收政策对体育产业提供优惠的力度

首先，对体育企业组织的体育活动进行严格的性质区分，对于公益性体育活动可以免征营业税，或根据实际情况可适当予以退税。对于商业性较强，但是群众参与较广泛的体育活动，可酌情给予税收优惠。鼓励各种性质体育活动的举办，以促进体育产业的发展。对体育建设类项目，同样以公益性和商业性性质进行区分，为群众开展体育健身活动的体育场馆、营业用地具有公益性，土地使用税可予以免除。经营性体育项目的企业，可以用加速折旧的税收优惠政策，在对企业减轻税负的同时，倡导其进行技术创新，在科技含量的提升中提高体育产品品质。其次，以税收优惠政策吸引其他企业对体育组织以及体育比赛进行赞助。

第二节　财政政策促进体育产业发展的实现途径

一、体育产业与科技融合的实现途径

随着科学技术的不断发展，人们的生活也随之发生巨大变化，对于参与体育的需求也逐渐发生改变，越来越需要利用科技的手段来丰富体育产业的内容以及加快体育产业的发展。所谓体育产业与科技融合就是为了满足不同的体育需求，通过发挥科技创新的主导作用以及体育资源的依托作用，将各种高新技术与体育产业中的业态环节进行渗透融合。具体来说，运用交叉科学为体育产业的发展做贡献，如纺织科学和运动科学相结合，制造出舒适的利于运动的服装等。如今，体育科技在推动体育产业发展上越来越发挥出不可忽视的巨大作用。

体育产业和科技融合是相互作用的。体育需求呼唤科技时代的体育产品，科技时代的体育产品的更新换代更加地呼唤起体育需求。在需求与创新相互作用的背景下，一方面，高新技术的出现，不仅可以提升体育产业的产品（服务）的质量，而且可以提高现有体育产品的生产效率，甚至会创造出满足人们需求的新的体育产品，同时也可能伴随着旧的体育产品的落后淘汰，这就改变了原有体育产业内部的业态结构关系，刺激了体育产业及相关产业的多方向发展；另一方面，体育产业的不断发展又会给市场创造更多更新的需求，这就反作用于科技创新，促进了科技的创新和技术的进步。

（一）体育产业和科技融合的必要性

第一，体育产业科技创新具有外部性效应。各行各业的科技创新技术是公共商品或混合商品，体育产业科技创新也不例外，所以必然会存在着外部性影响。由于体育产业科技创新的不断进步，其成果对于产业的发展有着重要的推动作用，但如果科技创新成果没有相应的专利保护制度，那么其创新成果就很容易被他人复制利用，甚至被竞争对手轻易模仿，这就在很大程度上打击了科技创新人员的研发积极性，不利于体育市场的进一步发展。

第二，体育产业的科技创新成果的不确定性较大。由于体育产业的投入产出比具有很大的不确定性，很难预测出研发的周期和成本，研究成果的有效性也有待进一步验证，而且传导有一定的时间差，故其创新研究是一项高风险的工作，因此阻挡了很多实力有限的体育企业。目前中国经济仍在转型过程中，许多系统和机制尚未建立或改进，短期内很难形成一个良好的投融资环境。

（二）体育产业和科技融合的作用机理

促进体育产业与技术融合的财政政策主要包括财政激励政策和税收优惠政策。财政激励政策分为事前激励和事后激励；税收优惠政策包括税基式、税额和税率三种类型。事前财政激励政策主要是财务激励，事后财政激励政策主要是政府采购政策，而税收优惠政策则是通过研发费用的扣除和加速固定资产折旧来实现。

财政激励政策对体育产业领域的科技创新具有十分显著的推动作用。一旦采取激励的财政政策或税收政策，一方面很明显的释放出一种政策信号，可以提振市场上关于体育产业的信心；另一方面则意味着企业成本的降低。在这两个优势下，大量的企业将会不遗余力地加大与科技的融合力度，以期从中获得利润。当市场投资增加时，在投资乘数的作用下，高科技体育产业产出的增加大于投资的增加。另外，政府购买最大限度地刺激和创造对技术创新产品的需求，直接带动高科技体育产品消费的增长。税收优惠不仅可以释放企业投资资金，还可以降低高技术体育产品的成本，降低价格，从而增加高技术体育产品的消费需求（见图 2-1）。

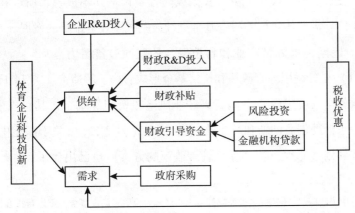

图 2-1　财政政策促进体育产业和科技融合的作用机理

（三）促进体育产业和科技融合的建议

1. 体育产业和科技融合的财政政策取向

（1）明确企业是体育产业科技创新的主体。市场在资源配置中的"决定性作用"地位，意味着政府与市场关系的定位更加明确，政府不随意进行干预。因此，体育产业技术创新的主体是企业，而政府的作用是一种辅助性的，主要在于优化市场环境，为体育产业的技术创新提供肥沃的土壤。财政政策通过支持企业和个人及相关科研机构，来实现体育产业与科学技术的融合；通过克服各种"市场失灵"，优化各种不合时宜的政策机制，充分发挥财政资金的杠杆作用，不断刺激体育产业技术创新。

（2）实行差异化财政政策。根据不同创新阶段的特点制定不同的财政政策。首先，在研究开发阶段，它是一个高风险的阶段，需要敢想敢试去冲破瓶颈，所需要的成本是很高的。因而需要大量的财政资金进入以支持企业开展研发。其次，在成果转化阶段，其主要目标就是加速科技创新成果产业化。一方面可以通过政府采购政策，加大对科技创新成果的购买力度；另一方面可以通过投资设立体育风险投资基金来鼓励风险投资投入企业。最后，由于我国风险投资市场还不成熟，所以在规模生产阶段，需要体育风险投资基金继续鼓励风险投资市场的发展。

2. 近期促进体育产业和科技融合的财政政策着力点

（1）充分运用现有政策和扶持基金形成合力。2015年1月14日，国务院常务会议决定设立全国新兴产业风险投资引导基金，其总规模400亿元，来帮助创业创新和产业升级[①]，同年1月7日，《关于深化中央财政科技计划（专项、基金等）管理改革的方案》也已出台了[②]。要充分

---

① 中央政府门户网站：《国务院打造400亿元规模国家创投基金　重点帮扶起步期创新企业》，2015，http://www.gov.cn/zhengce/2015-01/15/content_2804561.htm。
② 科技部：《〈关于深化中央财政科技计划（专项、基金等）管理改革的方案〉政策解读》，2015，http://www.most.cn/kjzc/zdkjzcjd/201501/t20150106_117286.htm。

利用好这一基金和政策，抓住机会，重点支持创新型体育企业，积极推动科技创新和体育产业的结合，促进体育产业的转型升级。整合政策和资金，加大透明度，接受社会监督的要求。在巨大的合力下，体育产业实现快速发展是很可能的，体育产业科技创新能力将会再上新台阶。

（2）加大体育产业科技融合平台的财政投入规模。首先，对现有体育科技资源进行整合，增加财政投入，助推体育产业园区建设，形成配套的体育共享机制，以打造完善的产业集群区，推动体育产业实现资源共享、集群创新；其次，加大培育体育技术创新平台的财政投入，进一步完善体育产业领域科研平台体系；再次，将企业与高校、科研机构联合起来，作为财政投入的支持要点，建立产学研协同创新机制，把三者的有机结合作为技术创新的重要支点；最后，通过加大财政投入，成立一个区域的体育产业创新交流平台，集合大家的智慧推动体育创新的发展。

（3）鼓励银行加大对体育产业科技创新的融资力度。首先，加大财政对银行融资机构的激励力度。财政部门一方面可以通过给予一定比例的补贴或奖励，来鼓励银行以及其他金融机构通过信贷支持企业体育产业科技创新；另一方面，可以通过银行适当提高体育科技中小企业贷款利率的比例来解决体育科技企业的融资需要，然后由财政对这一部分贷款进行补贴，同时鼓励银行积极探索和发展各种形式的担保。其次，除了商业银行等金融机构外，还可以积极推动国家开发银行等政策性银行以无息贷款、低息贷款等形式为体育科技企业提供充足的资金。

（4）建立完善体育产业科技创新政府采购制度。政府采购对于支持具有自主知识产权的体育产业具有重要意义。因此，需加快编制和完善政府资助体育自主创新产品目录。在2006年和2009年国家制定和启动了《国家自主创新产品认定管理办法（试行）》，但是这个目录的指导作用随着经济社会的发展越来越不足，因此政府应根据新情况及时更新目录，以满足新要求。

（5）积极落实和完善相关税收政策。首先，严格执行现有的各项税收优惠政策。政策重在落实，没有落实，再好的政策也只是空中楼阁。其次，实现税收优惠多元化。市场变化万千，统一的税收优惠政策很可能不起作用，需要多元化的政策以满足多元化的需求。最后，强化对体育产业科技创新人才的税收支持作用。创新的关键在于人，没有人才就谈不上科技创新。降低个人所得税、完善创新成果转化机制和创新人才激励机制，允许创新人才适当从成果中获得一定的收益，以此来促进企业技术的创新。

二、体育产业发展的引导资金实现途径

（一）体育产业引导资金设置的必要性

1. 体育产品的正外部性的要求

在生产、流通和消费过程中，体育产品无可避免地会对其他经济实体产生外部性，并且其正外部性极其明显。根据庇古津贴政策，对于生产正外部性体育产品的企业，政府应该通过财政补贴，使其正外部性内部化，从而能够得到合理的市场回报。因此，在一定程度上，设立引导基金能够缓解体育产品的"市场失灵"问题。

2. 形成体育产业增长极

目前我国体育产业的实际情况是发展的不平衡性，可以通过引导资金来积极培育体育产业的增长极，利用其极化效应和扩散效应带动体育产业及其周边地区的发展。根据增长极理论，政府应该选择体育产业战略项目推动区域体育产业发展，并且通过补贴、折扣和奖励，以金融资本投资的形式，吸引区域内外社会资金的投入，形成区域体育产业增长极，并进一步利用两极效应将各种生产要素聚集到顶峰。

3. 政府创新体育产业宏观调控手段的要求

随着体育产业利好政策的不断出台，体育产业吸引了大量社会资本的目光，但目前其投资过程显得过于盲目或谨慎。如何引导社会资金大胆进入体育产业的薄弱环节，推动体育产业发展，是当前亟须解决的问题。目前，政府主要运用补贴、贴息和奖励三种方式来给予体育产业支持。若体育项目的现金流量不足，则政府应提供财政资助，使该类项目具备财务生存能力，才能吸引社会资金的投入①。引导基金的作用在于通过杠杆效应优化体育产业结构，扩大体育产业规模，推动体育产业区域发展。因此，政府对体育产业的宏观调控要求设置引导资金，同时引导资金也有利于推动体育产业的发展。

（二）体育产业引导资金机理

1. 引导资金的支出结构可以调控社会资金的流向

我国体育产业的各项相关统计数据滞后性极其严重，依靠这些数据分析根本无法对体育产业发展的现状和未来态势做出准确判断。而通过财政政策引导资金的支出结构在一定程度上释放了政府关于体育产业政策方向的信号，这些信号对于把握体育产业的发展方向十分重要，也是投资者进行有效投资的依据。作为体育产业宏观调控的领导者，政府掌握的体育产业信息远多于个人投资者，其投资方向表明了政府对体育产业发展的关注点。

2. 建立引导资金评估监督机制降低社会资金的投资风险

体育产业发展的不足导致体育产业存在着较大的投资风险。为了有效规避风险，社会资本会尽量避开投资此类企业，这也是体育企业融资难的最重要的原因之一。引导基金的运作机制对于投资风险的降低是十分有效的，因为在投资项目的选择过程中，有各行各业的专家对企业进

---

① 马小丁：《政府性资金的使用：政府引导社会投资的有效手段》，载于《中国投资》2010 年第 12 期。

行评审后提交的立项申请报告，并进行预审、最终项目验收，以此引导资金的运行过程，从而有效降低社会资金的投资风险。这些管理环节一方面可以对体育企业行为进行约束，保证财政资金的使用效益[①]；另一方面，政府对引导资金项目的监管也可以降低社会资本所担忧的信息成本和监管成本，最终达到降低投资风险和投资成本的目的。综上所述，建立引导基金的评价监督机制有利于引导社会资金投资体育项目。

3. 引导资金的投入可为所投资项目提供信用支撑，树立社会资本的投资信心

由于很多企业高杠杆举债，当前市场上社会资金的投资信心并不高，而政府背书的引导基金无疑为项目和社会资金提供了双向信贷支持，有利于提振社会资本的投资信心。从经济学上来讲，风险的下降意味着风险调整后的回报增加。通过政府引导基金的投资，这些项目会树立更好的形象，将有助于增强投资信心，为体育产业项目拓展更多的社会融资渠道。

三、体育产业消费的实现途径

一般而言，体育消费作为居民消费的重要组成部分，是社会生产力发展到一定阶段的产物，是建立在满足物质生活条件的基础上的一种追求个体进步的高层次消费。居民体育消费的概念有广义和狭义之分。广义的体育消费除了上述直接参与消费外还包括一些间接地消费，如购买门票、体彩、运动器械以及从事体育活动产生的中间费用等。狭义的体育消费指的是个人直接从事体育活动的消费行为及过程，如支付各种体育活动的费用。

---

① 汤清、李晓明：《广东省财政资金扶持中小企业的融资引导效应分析》，载于《改革与战略》2005 年第 11 期。

（一）体育消费的特征分析

体育消费与其他消费相比，具有以下特性：

1. 以运动为载体

体育是一种身体运动，体育消费必然是与运动息息相关的。如购买健身器材、购买体育赛事门票等。如果细分体育消费，则可以分为观赏消费和参与消费。无论是观赏消费还是参与消费，它们消费的对象都是运动，有的是欣赏运动员运动，体会体育精神；有的则是自身运动，以强身健体。

2. 是较高层次的一种非迫切性消费行为

根据马斯洛的需求理论，最高的需求形式是自我价值的实现，而体育消费是处于第二层次的享受层面的需求。体育消费相比于基本消费，它并不只是满足于温饱，而是只有在人们的物质生活条件达到一定的高度之后才追求的消费，它是一种更高层次的需求，是人的全面发展进入下一阶段的体现。

3. 体育消费在收入水平的影响下也具有一定的可选择性

在体育消费过程中，部分体育项目或体育场所，因其设施、场地等成本的限制，其消费群体局限在高收入人群，例如赛车。体育消费不同于生活必需品消费，它对消费主体来说具有可选择性。恩格尔定律很好地说明，当人们的收入水平较低时，人们用于食品消费的支出占比较大，而减少体育消费，对于体育消费的需求也无法得到全部的满足；而当人们的收入水平得到一定的提升时，人们对于食品消费的支出比例相较于之前所占比例则会下降，此时人们在不影响正常生活的前提下，会更多地选择对于体育的消费，从而在体育消费方面的支出也会增加。

（二）体育消费市场的形成机理

从宏观和微观两个角度阐述体育消费市场的形成机理，我们可以具体划分为以下两种：

1. 供求均衡型机理

一般可以将市场主体分为买方和卖方两类，即需求方和供给方。在体育消费市场中，买方也是需求方，主要指购买体育产品的消费者，以及为生产体育产品而购买劳动力、资本和原材料的制造商和体育俱乐部。对应的卖方或供应商指体育用品销售商和俱乐部，还包括出售劳动力的运动员，出租土地给供应商的资源所有者。显然，许多人和制造商都扮演着买方和卖方的双重角色。

体育消费的选择是指购买者通过接受体育产品或服务交换一定的价值。在供需平衡的过程中，存在很多体育产品或服务的选择和交换。如同商品买卖关系那样，体育产品的生产者主观上必然是愿意以高出成本一定额度的价格卖出体育产品给有足够支付能力的体育消费的需求者。双方以共同认可的价格完成交易，消费者得到了使用价值，生产者得到了价值，这样有效地保证了体育企业的再生产，形成了体育消费价格，让体育供需双方都彰显着各自的社会价值。

2. 生产功能型机理

体育俱乐部和其他体育消费生产者是体育消费市场中独立的生产实体，它们与消费者之间存在着广泛的联系。一方面，体育俱乐部等体育消费的生产者生产符合市场需要的体育产品或服务；另一方面，投入生产过程中的人才及其他原料的来源是外部市场。体育产品的生产过程与市场环境是紧密相连的，外部市场环境的变化甚至会直接导致整个体育产品生产过程发生革命性的变化。

（三）体育消费市场的运行机制

体育消费市场的运行机制对于该市场未来发展的具体形态及方式起着决定性的作用，完善的运行机制保证了体育消费市场在整个社会市场中的稳健均衡。体育消费市场的运行机制是以完善的组织体系为保障的，而在维持整个体系的动力上，则是遵循利益与竞争的关系，这种关系使资源通过价格、供求、竞争与激励机制来实现最优的配置，进而可以达到市场均衡。此外，为了保证体育消费市场的健康运行，政府将通过运用一定的宏观政策来管理和规范体育消费市场。

1. 体育消费市场运行的组织保障

体育消费市场运营的组织体系主要包括体育设计企业、体育生产企业、体育服务提供者和销售中介服务机构。一个完善的体育消费市场必然是一个资源有效配置的市场，对体育消费市场来说还需要一个完善的中介服务体系。中介服务体系会促进体育消费市场形成体育产业的价值链，依托于价值链，体育产品或服务的专业水平将会得到提高。整个体育消费市场的组织体系是一个不可分割的整体，它们在体育消费市场运行中各自发挥职能，相互合作，从而共同保证整个市场有效运转，每一个组成部分都是不可或缺的。

2. 体育消费市场运行的动力机制

人类社会正在经历着人类历史上最深刻的变革，经济全球化深入发展，第三次工业革命正在如火如荼地进行着，经济发展方式发生了很大变化，经济增长模式已经转化为"三驾马车"协同发展的阶段，经济发展结构也从注重数量转向注重质量。经济发展方式的深刻变革，极大地推动了体育消费产业的崛起。体育消费产业属于无形资产，它注重的是技术和人力资本的投入。根据古典经济学理论，劳动和资本等生产要素发挥作用，经济就会增长。生产效率对经济的影响是显著的，其提高依托于创新和技术进步，因此，体育产业发展的动力因素应该来源于创新和资本。

3. 体育消费市场运行的市场配置机制

体育消费市场的资源配置机制主要包括供求机制、价格机制、竞争机制和激励机制。

体育消费市场的资源配置需要通过价格机制的核心信息来引导资源配置。一般来说，当体育产品或服务的价格上涨时，生产者会加大生产规模，并从高价格中谋取利润，而消费者却会由于价格过高而暂时放弃购买或转向购买替代品；反之，当运动产品或服务价格下降时，生产者会降低生产规模，而消费者的消费需求会在这一阶段呈现上升的趋势。因此，可以通过体育产品或服务价格的波动，直接引导供需双方对体育产品的生产或消费形成最优的数量和结构，从而实现体育消费市场的资源配置。

竞争机制在市场上是一种有效的配置资源的方式，它对供求机制和价格机制都有积极的影响。它的机理在于在市场上对各个市场主体形成一种潜在的压力机制，这种压力推动资源合理流动，推动市场主体不断进行技术创新，从而促进整个体育市场生产力的提高。

体育消费市场的激励机制表现在两个方面：一是增强，二是弱化。一方面，当体育消费市场的主体充分采取鼓励措施时，越来越多的市场人士有效地参与到市场中来，这样的结果是供给和需求都极大地被激发了起来；另一方面，弱化效应表现为市场的不确定性和复杂性所带来的消极作用，具体来说是在市场上形成一种盲目性，最终导致激励机制中存在去激励因素。

最后，市场不是万能的，它自身有一系列不可逾越的缺点。例如，在公共产品和公共服务的有效供给、外部性和市场竞争方面，就存在着"市场失灵"。要充分发挥市场和政府在资源配置中的作用，规范体育消费市场的运作，促进体育产业更好更快的发展。

（四）引导和促进体育消费市场发展的政策建议

政府可以通过三种宏观手段来规范体育产业：第一，为体育消费市场创造良好的社会经济环境，加强监督管理，完善法律体系；第二，政府可以有效引导体育消费市场向正确的方向发展；第三，对于一些重大的体育活动，政府支持和鼓励有资格的企业参与并发挥辅助作用，引导资金投入体育产业、体育活动中去。

1. 健全体育消费市场的各项法规，加强监督和管理

各级政府和体育行政部门应在保障消费者和经营者权益的前提

下，推动和研究体育市场拓展的措施，通过强有力的法制手段来构建健康的体育消费市场体系。目前，我国在规范体育市场发展上的政策法规都还不健全，法律体系还不完善，有关部门应当加紧研究出台完善相关法律，科学规范体育消费市场，有效地保障消费者和经营者的合法权益不受侵犯。

2. 建设完善的诚信体系，加强行业自律

首先，建立健全市场诚信体系。我国市场经济并没有完全成熟，市场体制不健全，诚信缺失严重。维护市场上的诚信原则是政府应该扛起的责任，要严厉打击不诚信行为，运用法律和市场有效地对其实行双重惩罚，加强市场上和社会上的诚信体系建设。第一，完善相关惩罚制度并及时通告；第二，完善体育市场内部监管机制，提高内部管理系统的完整性。

其次，以行业协会推动行业纪律性建设。我国体育市场上不诚信现象的例子不胜枚举，这些行为都严重丧失体育道德诚信，给整个体育市场带来了消极的、难以磨灭的影响。因此，要加强多方面的自律，在社会约束下也要加强自我管理，提高自律能力，通过自律管理和自律来监督和促进会员依法经营。

3. 建立现代产权制度，确立体育企业的产权主体

产权是市场经济最鲜明的特征，是市场上一切活动的基础。对体育企业来说，由于产权和责任不明确，从而导致政府及其代理人在体育竞技中既是"裁判"又是"运动员"，这直接成为阻碍竞技体育发展的"拦路虎"。政府的这种严重的"一把抓"现象导致体育市场上的混乱局面，市场不能有效有序地运行，资源有效配置更无从谈起。在这种混乱的局面下，我国职业化的体育主体陷入了无休止的利益冲突之中，导致体育消费市场停滞不前，甚至还有着倒退的迹象。因此，建立现代产权制度十分必要。

4. 加大宣传力度，推动体育社会化

体育面向社会是体育社会化的特征，表现在为公众提供足够的体育选择，动员全社会参与体育活动。虽然随着经济社会的发展和美丽农村战略的出台，特别是农业税的取消，居民闲暇时间增多了，我国农村地区也出现了一些体育设施，在一定程度上给我国带来了全民健身的热潮。但这还只是一种行动上的表现，对于体育内在的精神和消费依然没有深入人心，他们只是将运动作为一种打发时间的方式，并且参与到运动之中的人数相对来说还不是很多。体育消费是一种健康、文明、科学的消费方式，它是民族精神和面貌的体现。它是一种时尚的标志，是人们获得幸福感和满足感的直观途径。政府应当通过多层次、多角度、多渠道的宣传，提高全民健身意识。

5. 加快体育基础设施的建设，改善居民体育锻炼环境

目前，我国居民体育消费不足的主要原因是体育场馆设施分布不均或分布不充分。因此，一方面要继续增加国家投资，另一方面还应利用市场机制引导社会力量进入，通过建设小规模的多功能体育健身娱乐设施，推动体育服务迈进社区，惠及居民。同时，可以借鉴发达国家的经验，在确保正常教学秩序的前提下，适当加大学校体育场馆的开放程度，尤其是在节假日，它应该对公众完全开放。这样我们可以依靠学校体育场馆进行一些群众性的体育活动，通过这种方式，可以实现大众体育需求、学校体育设施、社会体育设施三赢的良好局面。

6. 优化体育产业结构，健全多元化的体育投资和消费机制

在当前，世界各国都将体育产业作为第三产业来看，而体育产业自身在促进经济增长中发挥的作用也越来越大，因此各国都积极推动体育产业结构优化调整，不断增加体育产业价值在整个体育产业中的比重。对我国来说，我们要做的是培育体育品牌，推动"中国创造"，同时完善市场规范机制，深化体育产权制度改革。

在消费投资上，要深刻落实党中央、国务院在引领经济改革时所做出的战略部署，要扩大内需，挖掘内需增长动力，深入推进体育产业供给侧结构性改革，为消费者提供高质量的体育产品和服务，以消费拉动投资。

小　结

本章主要阐述财政政策促进体育产业发展的运行机理，包含两节内容：

第一节论述了财政政策促进体育产业发展的着力点。首先是对两种导向的促进体育产业发展的财政政策差异性分析，分别从调控的直接性与间接性、传导的政府机制与市场机制、需求管理与供给管理的重心差异、短期均衡与长期均衡的目标差异进行论述；其次是分别具体进行论述财政支出作为财政政策促进体育产业发展的着力点和财政收入作为财政政策促进体育产业发展的着力点，财政收入则主要体现在税收上，在论述把财政收入作为财政政策促进体育产业发展的着力点时，主要介绍的是税收优惠政策及其存在的问题，同时也提出了优化体育产业税收政策的措施。

第二节论述的是财政政策促进体育产业发展的实现途径，提出了三种实现途径。第一是实行体育产业与科技融合的财政政策。财政政策促进体育产业和科技融合的必要性在于体育产业科技创新具有外部性效应及创新成果的不确定性较大，并通过分析财政政策促进体育产业和科技融合的作用机理发现问题、提出建议。第二是实行体育产业发展引导资金的财政政策。体育产业发展引导资金设置的必要性在于体育产品的正外部性要求、打造体育产业增长极要求和政府创新体育产业宏观调控手段要求。第三是实行促进体育产业消费的财政政策。首先，对体育消费的特征分析，得出了体育产业消费的三个特征；其次，论述体育消费市场的形成机理，具体从供求均衡型机理和生产功能型机理两个角度进行；再次，论述体育消费市场的运行机制，通过体育消费市场运行的组织保障机制、动力机制、市场配置机制三个方面详细论述；最后，引导和促进体育消费市场发展的政策建议。

第三章
我国促进体育产业发展的财政政策

第一节　财政政策历史沿革

一、新中国成立初期国家财政状况与体育的发展

在新中国成立前夕召开的中国人民政治协商会议通过的《共同纲领》确定了中国经济的五大组成部分：国营经济、合作社经济、国家资本主义经济、私人资本主义经济和个体经济。它们之间的关系表现为在国营经济的领导下，各种社会经济成分之间的分工和合作，以加快社会经济的有效发展。中华人民共和国成立时，人民政府面临着因为多年的战乱而导致的百业待兴、经济崩溃的严重局面。工业和农业的产值极其低，财政赤字严重，通货膨胀率非常高，国家经济处于崩溃的状态，国家财政极其困难。

新中国成立后为了突破西方资本主义国家对我国的经济封锁，一些国家领导人决定通过奥运会这一途径来获得其他国家的承认，去掉"东亚病夫"这个帽子。在研究了苏联等社会主义国家"举国体制"发展模式之后，国家领导人根据体育和经济的发展现状，制订了计划经济时代国家体育事业的发展任务，确立了具有中国特色的体育发展方式，中国体育事业被寄予厚望。在这个阶段，体育产业正式被确定

为国家发展和中央财政支持的重点。另外，为了快速增加国家经济活力、解决国家金融危机，国家财政着力于恢复经济，抑制财政赤字和通货膨胀的加剧。国家开始打击投机资本，调动资源，统一领导贸易，增强市场斗争能力。当物资价格跌至最低时，大量商品被抛售以摧毁投机资本，暂时抑制了通货膨胀，但这并没有真正解决财政危机。

1950年3月，政务院为完善我国财政经济体制，做出了《关于统一国家财政经济工作的决定》（以下简称《决定》）。之后我国的金融经济形势初步好转，形成了高度集中的金融经济管理体制。《决定》规定，国家财政收支、物资贸易等方面统一管理，重点是统一财政工作，按照自上而下的垂直从属关系进行。在税收上，当时主要是公粮税和城市税。在当时的整个经济管理中，国家统一支出以保证人民军队和政府发挥职能；物资统一管理、现金统一存进国家设置的银行等措施有效地利用了国家的财政和物质资源。财政收支基本平衡，物价水平稳定，通货膨胀缓解，金融经济形势逐步变好。然而，私营工商业却面临着巨大的困难。私营业开工不足使许多私营企业倒闭，失业人数急剧增加。面对这种情况，政府立即调整公私关系、劳动管理关系、产销关系，取消二期公债，缓解了工商业的压力，帮助私营企业克服困难，市场逐步繁荣。经济的复苏为体育事业带来新的发展。

在抗美援朝期间，国民经济进入了发展期，随着人口的急剧增长，经济也从分散走向统一。在这一时期，我国的社会体制是新民主主义社会，当时所实行的经济模式的性质是新民主主义财政，目标在于完成新民主主义革命的遗留任务。1951年，国家财政分为中央、大行政区、省市三级，实行分级管理制度。

国家成立初期的财务管理制度也是在研究苏联等社会主义国家的基础上建立起来的。我国国民经济在不断改革创新的过程中逐步恢复和快速发展。随着体育强国的信念深入人心，国家财政对体育事业的支持也越来越多。1952 年 11 月 15 日，中央人民政府体育运动委员会建立，体育的发展进入了一个崭新的阶段。在体委会的推动下，体育的变革是深刻的、影响是深远的，我国的体育已经开始向着大众化的群众体育方向发展，这是我国体育发展的开始。1956 年，三大改造完成，社会主义制度在新中国建立起来，我国的经济体制也正式进入计划经济时期。在这个时期，国家实行的是公有制经济，生产资料是公有的，中央掌握着整个国家经济的决策权，采取的调节供需的方式是行政指令。而且所有企业都是国有的，是行政机构的隶属。经过社会主义的改造，经济逐渐恢复，国家群众体育事业进一步发展到竞技体育，各省份成立了省市级运动队，初步形成了现代竞技体育。

二、计划经济初期我国财政与体育

实施总路线之后，开始了轰轰烈烈的"大跃进"和人民公社运动。在第二个五年计划中，我国金融发生严重危机，表现在：重工业发展快速，农业发展低迷，粮食产量下降；基础设施建设规模过大，积累效应较差；通货膨胀加剧，人口大幅度减少。人民公社运动高估了当时的生产能力，期望通过简单改变生产关系，建立虚拟的"共产主义天堂"。这不仅没有提高农业生产水平，而且使农业生产水平进一步恶化。

这个时期，国家财政的资源主要集中于生产上，可以称之为生产型财政。在"三年困难时期"，国家遭遇重大困难，人民生活倒退严重，温饱问题再次困扰着全国人民，国家财政极其困难，体育事业的发展暂时停滞。在这样的背景下，国家体委不得不提出"缩短战线、确保重点"的体育发展模式。

调整方针后，国民经济逐步开始恢复，到 1965 年，经济的整体水平也有了相当程度的提高，各项事业开始恢复并发展。体育事业也开始复苏，国家体委按照中共中央"调整、巩固、充实、提高"的八字方针，提出了与我国实际情况相符合的体育发展政策。

"文化大革命"使我国的社会主义事业产生了严重的倒退，我国的政治、经济、文化等各个领域都遭受了严重的破坏。在特殊的政治背景下，体育事业的发展也出现了停滞，直到1971年，国家体委才重新回到国务院领导之下。"文革"后期，无论是群众体育运动还是竞技体育，都有所恢复和发展。1978年12月党的十一届三中全会以后，国家进行拨乱反正，做出以经济建设为中心，实行改革开放的伟大决策。此后，体育纠正了"左"倾错误，走上了正确的发展道路。

三、计划经济后期财政包干体制下的体育发展方式

十一届三中全会后，我国开始实行改革开放，全面推进社会主义现代化建设。在以邓小平为核心的党的第二代中央领导集体的带领下，全党艰苦探索，中国特色社会主义理论开始有了雏形，经济体制改革开始实施。在改革开放的基本国策下，沿海地区划分了经济特区，实行让一部分人先富起来的政策。经过不断推进改革开放，我国逐步形成了全方位、多层次、宽领域，点线面综合的对外开放格局。在建设有中国特色的社会主义的理论指导下，我国积极建立具有中国特色的财政，金融管理体制实现划分收支、分级包干和划分税种、核定收支、分级包干。在此之后很长一段时间，我国的金融体制一直使用这一形式，直到实行分税制开始，中国才从计划经济模式转为市场经济模式（见图3-1）。

（一）"划分收支、分级包干"体制下体育的发展（1980~1985年）

十一届三中全会之后，中国共产党一直主张结合马克思主义和中国现实情况，遵循中国特色社会主义道路，渐渐形成了中国特色社会

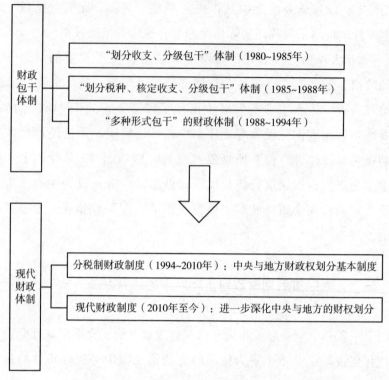

图 3 - 1　中国改革开放以来的财政体制演变

主义理论，中国的经济发展开始新的征途。1980 年，国务院决定对各省、各自治区、各直辖市实行"划分收支、分级包干"的财政管理制度，即中央和地方"分灶吃饭"。虽然这种制度可以激发中央和地方政府的积极性，但是不足之处也是明显的：地方政府经济不自主，无独立的一级预算。

在这样的财政体制中，中国体育事业也出现了"竞技体育为先导"的发展思路，省市以上体委重点提升竞技体育的技术水平，完成体育综合发展工作，注重与各部门的分工合作，把群众体育交给全社会。

随着 1980 年奥运会的临近，为了在奥运会上取得好成绩，国家体委提出要加快体育技术水平的发展，从此，体育事业的发展向

"奥运模式"转变。竞技体育的目标在于奥运会，兴办的体育都是以奥运会为基础的，这样就导致我国着重关注竞技体育，成为一个奥运体育大国，但忽视了群众体育，造成大众体育进展缓慢，其资源矛盾加深，竞技体育与群众体育相分离。

（二）"划分税种、核定收支、分级包干"体制下体育的发展（1985～1988 年）

国家在 1980 年提出的划分收支、分级包干制度和 1983 年以及 1984 年的两次"利改税"的基础上，推出了划分税收、核定收支、分级包干制度①。"利改税"是指将国有企业财政上缴的利润转化为所得税，国家参与国有企业净收入分配。五年之后，中央与地方政府、部门、企事业单位之间的资源配置关系有了极大的改变。1985 年，国家实行划分税种、核定收支、分级包干的制度。在统一领导、分级管理的原则下，分割各级政府的行政权力和财政权力。理性化改变了公有制经济单位的构成和企业经营方式，渐渐在农村推广获得成功的家庭联产承包责任制。在城市，国有企业推行政企分开改革，成为独立的经济体。可见，金融体制改革与企业息息相关。

在国家经济快速发展的前提下，国家体委继续执行 1980 年提出的方案。1986 年，国家体委又颁布了《关于体育体制改革的决定（草案）》，对领导体制、训练计划、竞赛体制、体育场馆管理模式等方面提出 54 项改革方法。整个方法坚持统一规划、统一统筹的理念，与国家财政支出分配的方法密切相关，同时推动社会和协会共同创办体育，不放弃全民体育，这让竞技体育开始迅速发展。

---

①　肖鹏：《"划分税种、核定收支、分级包干"财政改革经验与启示》，载于《财政监督》2008 年第 5 期。

（三）多种形式包干的财政体制下体育的发展（1988～1994 年）

效率和公平是财政运行所追求的，在这期间，国家对国民经济进行改革，引入市场机制，遵循价值规律，让市场在配置资源中起基础性作用，实行社会主义市场经济。在金融体系方面，它抛弃了以前不够分散和过度管理的模式，并改变之前的单一税制，转而采取多样化的复合税制，极大地改变了之前忽视价值、不重视经济效益的形式。它改变了以前的财务管理模式，在一定程度上处理好了中央与地方政府之间、国家与集体还有个人之间的分配问题，为经济继续向前发展扫除了障碍。

在这个时期，国家体委提出了"五化五转变"的目标，推动体育产业进行计划经济体制下运行层面的调整和改革。在社会主义市场经济体制的改革目标的指导下，我国提出了 21 世纪体育事业改革的目标和任务，目的是摆脱那种只依靠政府的方式，建立一种由国家为主进行调控，依托社会，与当前社会主义市场经济相符合的体育系统。推翻过去高度集中的体育系统，并建立一个动态的、良性循环的并且与现代体育发展相适应的系统，产生结合国家与社会、集中与分散的新局面，努力在 21 世纪初建设好中国特色社会主义体育新体制。

综上所述，把体育放在可持续快速发展的快车道上，关键是破除体育产业内部的矛盾，让体育产业不负重而行。然而由于长期的优先发展竞技体育，实行奥运体育，使群众体育和竞技体育分离，它们之间的矛盾逐渐显现。随着经济体制改革的逐渐深化，政府的功能发生极大的变化，已经逐渐沿着市场化方向发展，从以政治为重心转换为以经济为重心，市场化改革在逐步推进。遗憾的是，体育市场建设因为种种原因并没有完全完成，没有形成真正的体育市场。

四、社会主义市场经济体制的转变与体育

（一）现代财政体制深化中央与地方财权划分中体育的发展及公共体育服务的提出（1994～2010 年）

社会的进步和经济的发展导致人民生活水平不断提高，人们开始追求高质量的生活，开始关注健康养生，于是体育活动逐渐走入普通大众之中，学者们也开始关注群众体育基础设施的供给。2002 年，首次提出公共体育的相关概念。国家细分竞技体育和群众体育，体育作为公共服务的一种形式出现，让人们产生怀疑，也激起人们对体育公共属性的深入探讨。与此同时，不断增加的财政赤字给支撑体育发展的资金供给体系造成了麻烦。

1992 年财政支出方式开始改变，往往是要求高回报的，而这种高回报实际上表达了对资源集中的体育发展的支持。投资型财政契合的是市场经济，体现的是财政支出模式的市场化程度。社会主义市场经济强调市场在资源配置中起决定性作用，而国家采取的宏观调控手段只是在资源配置中起着辅助性的作用，弥补的是市场不能很好解决的事情。在推动财政体制改革中，具体划分了中央和地方的职责。

为了完善我国的财税体制，十四届三中全会决定从 1994 年 1 月 1 日起，将地方财政包干制改为分税制。分税制改革是我国财政管理发展的一个重要的转折点，但是公共服务的供给却没有因此而得到增加。进入 21 世纪，国家开始推动国有企业改革，强调科学发展，推进市场化进程。随着改革的深入和效果的显现，公共支出逐渐减少，这导致体育事业仍然停留在以竞技体育为主导的阶段。随着市场化进程的不断推进，国有资本存在的问题逐渐显现出来，国有资本何去何从引发关注。政府也逐渐认识到国有资本停留在市场上会有很大的危险，会破坏市场上的自由竞争规则。政府应当做到的是维护市场上的

秩序，充当"裁判员"，而不是"运动员"。这为以后国民经济向民生型财政转型奠定了相当好的基础。

为了解决国有资本的问题，政府采取了一种新的金融模式——双轨制，主要表现为转移支付，希望通过转移支付制度来实现对地方财力不足的弥补。2006年以后，随着政府职能转变，产业转型和产业结构升级也提上日程。在此背景下，体育产业却并不符合国家体委实现产业转型的要求。因为体育发展模式的不足导致群众体育缺失，从而导致有效的市场需求不足，无法形成一个有效的市场。同时，足球产业化试点改革的失败表明我国体育发展存在结构性失衡，过度强调竞技体育带来的单一发展模式的弊端开始显现。但值得一提的是，在2008年北京奥运会上，竞技体育给国家带来了优异的成绩，中国的奥运奖牌数量达到历史最高，如图3-2所示。

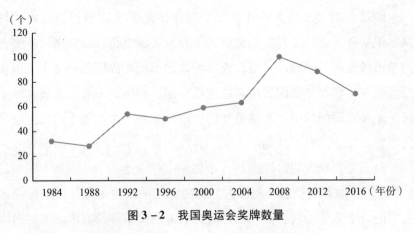

图3-2 我国奥运会奖牌数量

资料来源：中国奥委会官方网站：http：//www.olympic.cn/olympic/。

这一鲜明对比让我们看到了我国体育产业发展存在问题的同时，也有着一定的优势。但2008年奥运会金牌榜榜首显示了国家体制的红利已经释放，如果我们想要保持这个优势，必须不断优化体育发展的总体结构。而在市场化过程中，国家体育总局（原国家体委）并未采取新措施，采用的仍是计划经济时代的财政体制，与当前体育产业发展的需要不符，这更加阻碍了我国体育的市场化。

（二）现代财政制度进一步深化中央与地方财权划分并建立三级政府财政支出制度下的我国公共体育服务发展（2010 年至今）

从 2010 年起，我国财政支出模式发生改变，形成乡财县管和县财省管的支出模式，我国财政也简化为三级财政。十八届三中全会后，我国服务型政府建设全面展开，营造出了更有利的市场环境，我国的发展进入了一个新的阶段。

在这一过程中，我国公共体育服务的政府结构在 20 世纪 90 年代仍停留在计划经济水平上。把群众体育和商业体育放在全社会的愿望还没有实现，为了维持竞技体育发展的现状，我们不得不进一步缩小权利，垄断资源。这是计划经济时期的一种典型思维方式。2008 年奥运会的成功举办，虽然检验并肯定了竞技体育的发展模式，但也暴露了大量的问题，如唯金牌论。体育的发展模式已经有所偏离，有待改善。

总之，中国财政体系的发展过程，在早期中华人民共和国成立时，使用的是高度集中的财政分配模式来解决国家面临的问题，并慢慢分成大行政区、省级和县、乡级逐级分配的财政制度。在计划经济时期，财政支出从上到下垂直分配，政府的权力从上到下都是集中的。在市场经济体制改革时期，国家转变政府职能，不断优化市场与政府之间的关系，财政体制也做出了相应的改变，财政属性从国家财政向公共财政转化（见图 3-3）。

多样化、服务型和均等化的公共体育需求使传统的结构单一、片面追求效率的管理模式不能适应当今时代的发展。与此同时，民生状况的渐渐下降表明：如果不改变发展方式，我们将不可避免地面临不可持续的尴尬局面。人口老龄化结构和社会老龄化进程表明，我国竞技体育在特定时期的"人口红利"开始丧失，一直以来的竞技体育粗放式发展模式失去了劳动力基础。

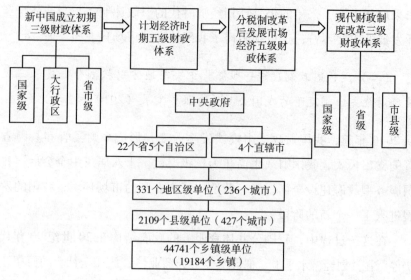

图 3 - 3　国家分级财政支出变化

第二节　财政政策现状

一、支出性财政政策

（一）我国体育产业公共财政支出政策

众所周知，如果体育产业的财政投入增加，体育经费的支出也会增加。根据国家的政策，我国在体育方面的投资从北京奥运会后开始渐渐增加。与此同时，体育支出速度也稳步上涨。2018 年，体育经费财政支出近 495 亿元。以群众体育经费财政支出数据为例，群众体育经费财政支出 47 亿元，是 2010 年群众体育经费财政支出的 2.2倍。此后，体育财政支出也保持了增长，但速度相对较慢，值得一提的是，此前群众体育财政支出的激增从那时起已大幅下降；但自

2008 年奥运会之后,这一比例逐渐上升,直至 2018 年。从 2008 年到 2018 年,为保障群众体育事业的发展,中国共投入体育财政资金3621.9 亿元。尽管体育财政支出持续增长,但体育支出占 GDP 的比重保持一直在 0.05% ~ 0.07%。① 由此可见,我国的体育财政支出虽然在不断增加,但增长速度较缓。因而为了更全面地了解我国体育事业经费支出的现状,主要是从总量、结构和效益三个方面进行研究。

1. 体育事业经费支出总量

2008 年以后,中国体育产业的财政收入不断增加。与此同时,体育金融支出也有所增加。从表 3 - 1 可以看出,2008 年体育事业经费财政支出为 205.29 亿元,而在 10 年后,2018 年体育支出达到494.72 亿元。与 2018 年相比,体育支出增长幅度较大,是 2008 年的 2.4 倍,达到了一个小高潮。从 2008 年以后,体育支出一直以匀速增长。2014 年,体育支出达到 370.75 亿元。虽然体育支出持续增长,但在 2008 ~ 2018 年体育发展热潮期间,体育支出也仅占 GDP 的0.05% 左右(见表 3 - 1、图 3 - 4)。

表 3 - 1 　　　　2008 ~ 2018 年体育事业经费财政支出一览表

年份	体育事业经费 财政支出(亿元)	GDP(亿元)	体育事业经费财政 支出占 GDP 比重(%)
2008	205.29	319244.6	0.06
2009	238.26	348517.7	0.07
2010	254.17	412119.3	0.06
2011	266.35	487940.2	0.06
2012	272.49	538580	0.05
2013	299.08	592963.2	0.05
2014	370.75	641280.6	0.06
2015	356.48	685882.9	0.05

---

① 国家统计局:http://www.stats.gov.cn。

年份	体育事业经费 财政支出（亿元）	GDP（亿元）	体育事业经费财政 支出占 GDP 比重（%）
2016	389.48	740060.8	0.05
2017	474.85	820754.3	0.06
2018	494.72	900309.5	0.05

资料来源：Wind 数据库。

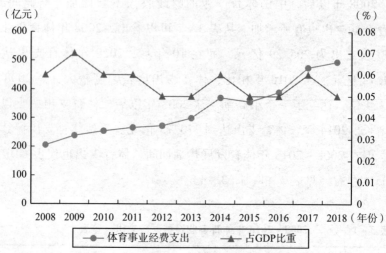

图 3 - 4　2008～2018 年我国体育事业财政投入、占比变化趋势

2. 体育事业经费支出结构

我国体育经费支出主体主要包括运动项目管理费、体育竞赛费、体育训练费、体育场馆费、群众体育费、体育交流与合作费等。体育场馆费是体育经济支出的主体和公共财政保障的重点。根据我国 2010～2018 年体育支出情况，体育场馆费及其他体育支出占比较大，体育场馆费也呈现逐年递增的趋势。然而，2014 年后体育场馆费有所下降，体育交流与合作和运动项目管理费所占比例较小，群众体育费用所占比例也较小（见图 3 - 5）。

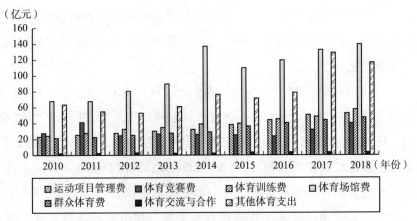

图 3 – 5 2008～2018 年我国体育事业费财政支出情况

3. 体育事业经费支出效益

总体来看，近年来我国体育经费支出呈上升趋势，其效益值得我们分析研究。中国的体育产业是非营利性的，所以我们不能用创造的财富价值来衡量它的发展。如何衡量体育的发展已经成为我们需要思考的问题。通过统计运动员中获得冠军的人数可能成为解决方案之一。从图形可以看出，我国体育的发展水平是波动的，并不是平稳的。并且，我们可以看到我国体育的发展水平正在上升（见图3 –6）。

图 3 – 6 1995～2017 年获得世界冠军个数

体育产业的发展无疑是建立在公共财政对中国体育产业投资的增长之上的。改革开放以来，中国经济增长明显加快，国民生产总值也在快速增长。

1995 年的数据显示，中国国内生产总值约为 6 万亿元。18 年后，中国国内生产总值接近 57 万亿元，增长 8.3 倍。从图 3-7 可以看出，我国的 GDP 增长率在 1996 年后出现了明显的下降，应该是受到当时金融危机的影响；而在 1999~2007 年，我国经济增速持续上升，不难发现此时体育金融投资也在以较快的速度增长；因为在 2008 年，美国的次贷危机像瘟疫一样蔓延到全世界，我国的经济增长率下降。近年来，经济增长总体趋势稳定，但有下降趋势。在经济增速放缓的同时，有利于体育事业发展的经济结构也发生了新的变化。首先，从城乡收入增速差异来看，农村消费潜力由于收入的快速增长而被激发出来，使未来的消费水平有所提高。因此，人们会对运动产品和服装更感兴趣。其次，2013 年第三产业增加值占 GDP 的比重首次超过第二产业。产业结构调整将对我国体育及相关产业的发展产生重大影响。

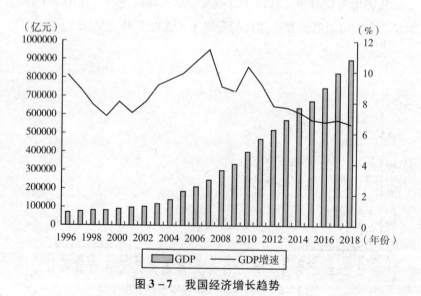

图 3-7 我国经济增长趋势

（二）我国体育产业财政投融资政策

2003 年，党的十六届三中全会审议通过了一系列有关市场经济体制完善的决议和决定，使我国财政投融资政策改革的立场和方向更加明确，那就是以社会主义市场经济体制发展和完善的各种要求为出发点和落脚点，在政府职能部门采取规范的经济手段调节经济波动的条件下，增加市场的影响力。最终建立由市场引导投资，企业根据利润最大化的目标进行生产决策，银行按照金融机构的特有特点进行独立审贷，融资渠道多样化的新型投资政策体系。

1. 体育产业财政投资的内涵界定及现状

就体育产业而言，从动态的角度看，体育产业财政投融资是在国家的主导下以信用为原则，直接或间接投资和融资产生的经济活动，以期达到特定的政策目标。体育产业财政投融资的整个过程是以政府为经营主体，按照政策意图运作。无论是投资经营还是融资活动，政府都按照具体的政策目标，以一些社会资金为经营对象，通过周转资金、政策性长期贷款、资本金等有偿方式筹集经营资金。它们不同于商业银行的普通融资活动，也有别于政府的财政支出，体现的是不同时期的政策目标。

目前，我国体育产业投资资本的主要来源是银行贷款和行业资本，体育企业自行利用资本市场直接融资还有一定的困难。这种融资结构一方面体现了我国体育产业的融资困境，另一方面也反映了我国体育产业发展的规模较小。体育企业的规模直接影响企业能获得的银行贷款的规模，这直接关系到体育产业的发展速度，进一步制约了我国体育产业的发展规模。

与发达市场经济国家的体育产业相比，我国体育产业投融资市场化程度相对较低，资本市场很难实现为体育产业筹集资金，很难利用市场手段完成对体育产业资源的有效配置。资源配置不当造成的损害，往往会阻碍我国体育产业的发展。在市场化不完全的情况下，体育行业中民营企业与国有企业存在明显的差别待遇，使我国体育行业的资金短缺问题更加突出。

经济全球化、市场统一化让国际产业竞争成为不争的事实。激烈的国际竞争让处于劣势的行业步履维艰，时刻面临着被其他国家的强竞争力行业所取代的危险，直接威胁着一个国家的产业安全。目前，我国体育产业的国际竞争力较低，NBA、英超、欧冠等国外赛事吸引了绝大多数中国体育消费者，在我国占领着广阔的体育消费市场，为它们国家创下了大量的税收，让本就羸弱的中国体育行业雪上加霜。面对国外体育企业快速涌入中国的真正威胁，中国民族体育产业受到了严重挑战。提升我国体育产业的国际竞争力，已成为维护国家文化安全、彰显国家地位的迫切要求。

2. 体育产业财政投融资的基本特征

（1）有偿性是体育产业财政投融资的基本特征。体育产业在资金使用中的投融资要求资本能够回收同时收取相应的利息，这与公共财政预算的自由性质不同。（2）体育产业的投融资具有明显的政策性。体育产业的投融资运作是由国家主导的政策性金融活动。它不同于一般金融活动的营利需求，其致力于取得社会效益和宏观经济效益。它的首要目标是实现政府的社会经济发展政策目标，其投资主要集中在非经营性领域，一般没有增值需求，强调的是一种商业性，如基础设施等。（3）体育产业的金融投融资具有准公共性。体育产业的金融投融资通常投资于基础设施、基础体育产业和重点体育产业，这些都是准公共产品。它是根据国家经济发展规划和体育产业政策目标制定的，它不仅能创造经济效益，而且具有一定的社会效益。

（三）我国体育公共服务均等化政策

近年来，党和国家高度重视我国体育公共服务体系建设，不断地加大对体育事业的投入，不断地出台相关的政策法规，不断地推进体育产业结构性改革。自"十一五"规划开始，体育发展计划的大纲明确提出要根据国家经济发展状况稳步推进体育事业发展，保证人民群众的体育权益，实现体育发展与经济发展同步。"十二五"规划以来，政府积极推进八大重点工作之一的现代公共文化服务体系建设，取得明显的效果，表现为农村公共文化服务能力增强，全民健身活动蓬勃开展，广播电视人口全面覆盖。

1. 我国体育公共服务均等化的内涵

就体育公共服务来说，主要包括必要的财政支持、完善的场馆设施等，与金融相关的公共产品以及与金融无关的服务，如公民接受的体育教育和技能培训等。当前在我国，政府是体育公共服务的提供者，应遵循均等化原则。体育公共服务作为人民享有体育权利的表现，保证公平是必须的。当然各个地方的具体情况不同，我们允许不同的区域之间在一定的时间内有一定的差异，但从长远看，全国各地都应该享有基本均等化的体育公共服务。

从某种意义上讲，体育公共服务均等化是政府的长期目标，也是一个分阶段、分等级的动态过程。要找到公共体育服务均等化的具体支点，必须坚持以改善民生为节点，正确处理改革、发展、稳定的关系，真正实现公共体育服务均等化，公共体育服务的基本水平在不同地区、城乡、居民与个人之间达到相对成熟的状态。公共服务框架是公共体育服务均等化发展阶段不可或缺的组成部分。公共体育服务均等化需要经历从宏观到微观不断细化的阶段。在初级阶段，目标主要是展示区域内和区域间的公共体育服务水平，重点是区域公共体育服务均等化；在中间阶段，主要目标是体现区域内城乡公共体育服务水平差距和区域间公共体育服务水平差距将明显缩小，重点将放在城乡公共体育用品上。高等阶段的目标是实现公民公共体育服务均等化，这是发展均等化的最终状态。

2. 我国体育公共服务均等化的现状

目前，在政府财政政策的大力支持下，我国体育公共服务均等化取得了一定的进展，效果非常明显，但其进程远远落后于预期。目前，我国体育公共服务均等化的发展具有总量不足、区域差异明显、城乡差异明显以及阶层性差异明显等特点。

（1）体育公共服务总量供给不足。2004 年和 2008 年，中国群众体育现状调查显示，我国居民参与体育活动的热情不高，体育公共服务是缺失的，并且在 2004～2008 年并没有得到根本性的改善。这种缺失主要表现在两方面：一方面指的是体育公共服务的物质载体——体育场馆设施的缺失；另一方面指的是缺乏体育教育及相关技能培训。根据第六届全国体育场馆普查数据，全国体育场馆数量为 169 万个，城乡体育场馆面积分别为 39.8 亿平方米和 19.9 亿平方米。根据国家统计局《2014 年中国统计年鉴》的统计，2013 年底平均每万人拥有的体育场馆数量为 12 个，人均体育场馆面积为 2.93 平方米。与第五次全国体育场馆普查数据相比，全国体育场馆面积和人均体育场面积几乎翻了一番。由此可见，我国体育公共服务的发展进程是相当可观的。然而，与其他国家相比，如美国，在 20 世纪 80 年代它就已经远远超过了这个水平。据统计，2000 年我国社会体育指导员达到18 万多人，平均每 7032 人就有一名社会体育指导员；2004 年有 43 万余人，是 2000 年的两倍，平均每 3023 人就有 1 名社会体育指导员。2008 年，一名公益社会体育指导员依然有 1274 人需要指导。这个数据清晰地显示出我国的体育公共服务发展相比于发达国家是严重滞后的，我国现有的公共体育资源难以满足公众最基本的体育公共需求。

（2）体育公共服务城乡差异明显。在城乡二元体制的大背景下，我国农村体育公共服务水平与城市相比明显偏低（见表 3 - 2）。

表 3 - 2　　　　　　　　　　城乡体育场地数量　　　　　　　　单位：个

类别	城镇体育场地数量	农村体育场地数量
体育系统	22130	2192
教育系统	416687	243834

类别	城镇体育场地数量	农村体育场地数量
高等院校	46696	3054
中专中技	17246	1327
中小学	346411	238454
其他教育系统单位	6334	999
铁路系统	3115	290
其他系统	520542	433420
合计	962674	679736

资料来源：第六次全国体育场地普查数据汇编。

（3）体育公共服务区域差异明显。根据第六届全国体育场馆普查数据汇编报告，全国共有体育场馆 1642410 个，面积 19.5 亿平方米。投资总额（包括财政拨款、单位自筹、社会捐赠等）达到 1.17万亿元，体育场馆从业人员达到 8.9 万人。从中国体育场馆总量来看，目前的发展趋势更加强劲。但从总体结构上看，我国体育公共服务存在明显的区域差异。无论场馆数量、场地面积、投资额、场馆员工数量，东部地区遥遥领先，体育资源约占全国体育资源的 50%。就政府投资和社会投资而言，近年来中国西部由于政府增加金融投资，其体育投资金额现在是第二大，是中部地区的两倍，但远低于东部地区，仅为东部地区的一半。从全国来看，全国体育场馆数量最多的广东省位于全国东部，有 146719 个体育场馆，其投资额、场地面积和从业人员均居全国首位。可见，广东省体育资源丰富，体育条件十分成熟。目前，西藏自治区是体育场地最少的省份，只有 6064 个体育场馆，约占广东省的 1/20。它们场地面积、投资金额和从业人员之间的差距也很明显（见表 3-3）。

表3-3   全国各省体育场地总况

省、自治区、市		场地数量（个）	场地面积（平方米）	投资金额（万元）	场地从业人员（人）
合计		1642410	1948773324	117037967	1688890
东部	北京市	20083	47691632	3912546	54195
	天津市	16233	31186973	1724385	13873
	河北省	64770	102280329	2424971	72845
	辽宁省	51901	78993198	5097853	51125
	上海市	38505	41556935	4008980	50910
	江苏省	122247	156902596	8698270	98213
	浙江省	124944	81234678	4620744	102917
	山东省	101165	172853047	9747082	99185
	福建省	62736	59847193	2941105	33357
	海南省	12202	29986910	1386829	17765
	广东省	146719	214426407	21100918	205162
	合计	761505	1016959898	65663683	799547
中部	湖北省	79347	74736961	2398292	62297
	湖南省	57565	72903012	2360134	53441
	江西省	66515	64141118	1420714	57436
	安徽省	53189	69314612	1783257	42573
	河南省	82670	89080564	1957965	105411
	黑龙江省	27777	45140728	3849479	45343
	山西省	63715	46988999	2133233	65397
	吉林省	21176	40843353	1420722	33191
	合计	451954	503149347	17323796	465089
西部	西藏自治区	6064	4313983	178383	2934
	陕西省	40103	40377755	3845977	50026
	甘肃省	30282	28917443	596338	27405
	青海省	7978	9290345	698518	5894
	宁夏回族自治区	11547	13529287	480762	10139

续表

省、自治区、市		场地数量（个）	场地面积（平方米）	投资金额（万元）	场地从业人员（人）
西部	新疆维吾尔自治区	26207	37067765	949319	25355
	内蒙古自治区	25367	41607096	2181223	22439
	云南省	59640	57722463	1896483	41203
	贵州省	32162	27117000	5370458	39536
	广西壮族自治区	74182	55761810	2750761	73348
	重庆市	40648	40612746	6222214	39410
	四川省	67735	66747699	2997956	76977
	合计	428951	428664078	34050488	424254

资料来源：第六次全国体育场地普查数据汇编。

从目前的体育经费投资构成来看，东部和中部地区不仅有财政拨款，而且越来越多的社会资本在不断流入，而西部地区的体育事业经费主要依赖于财政拨款，其他的融资渠道较少。在各区域之内，各省份的体育公共服务的分布也有很大的差距，例如：同在西部地区，广西壮族自治区的体育场地数量为 74182 个，几乎是西藏自治区的 10 倍之多。

（4）体育公共服务阶层性差异明显。社会阶层的分化是导致我国体育公共服务领域弱势群体问题突出的重要原因。弱势群体由于经济收入低而面临着一系列的生活压力，健康状况较差，这就使他们一方面有运动释放压力、保持健康的需要；另一方面也有着现实的制约导致难以实现。弱势群体的体育利益被排除在城市居民群体之外，导致其公共体育利益被变相剥夺。另外，由于行政隶属关系，体育场馆规划存在碎片化现象。大多数场馆高度独立、封闭，对社会的开放程度不高。这样，大部分的体育公共设施都被行政机构和一些经济条件较好的企业的人员所占用。经营者和民营企业家利用自身的经济优势，占据了体育俱乐部，农民、下岗职工等大部分人占用体育公共服务资源较少，阶层性差异明显。

（四）我国体育公共服务财政转移支付政策

1994 年分税制财政体制建立以来，中央和各省都对转移支付管理进行了丰富的实践和探索。新《预算法》首次将财政转移支付制度提升到了法律层面，为开展转移支付专门立法提供了法律依据。同时，十届全国人大将"财政转移支付立法"列入立法规划，《财政转移支付暂行体例》也已列入国务院立法计划。党的十八届三中全会通过了《中共中央关于全面深化改革若干重大问题的决定》，重申深化财税体制改革，强调"事权和支出责任相适应"。中央政治局会议审议通过的《深化财税体制改革总体方案》提出要建立"现代财政制度"，进而对财政转移支付的制度化建设提出了新的要求。综上所述，中央全面深化改革、推进国家治理体系和治理能力现代化的决心，为加快推进转移支付立法提供了有利的政治条件。目前，我们的金融体系是实行中央和地方财政分税制的。因此，解决体育公共服务不平等现象主要是依靠财政转移支付较高的政府。

1. 体育公共服务转移支付的内涵

就体育公共服务财政转移支付来说，主要是指针对下级政府在其管辖范围内的体育公共服务管理中产生的财政缺口，上级政府对下级政府进行体育公共服务建设的财政补贴。体育公共服务转移支付主要是为了解决地区间体育公共服务的财政失衡问题，它的主要内容有专项转移支付和一般性转移支付，目的在于支持地方政府提供体育公共服务，从而使全国群众都能够享有基本的体育权益。在体育公共服务实践中，一般性转移支付的具体金额和比例难以计算；专项转移支付是一种政府的专项补贴，相对而言占的比重较大，体现的是政策性的政府意志，它的使用具有严格性。专项转移支付可根据下一级政府是否有必要使用自有资金进行匹配，再次划分为配套补助与非配套补助。

2. 体育公共服务转移支付必要性

（1）市场经济非均衡和公众追求公平的要求。在现实生活中，不平衡的现象很常见，最主要的是我国经济社会发展不平衡。在地区发展不平衡下，各个地区的体育产业发展必然也是不平衡的。要满足广大人民群众日益增长的体育需求，仅仅依靠地方政府的财政资金支持是远远不够的，要实现全国体育服务均等化是很难的。体育作为一项基本的民生工程，是政府必须扛起来的责任，是建设健康中国的基本保证。地方政府的财力短缺造成了体育公共服务形成区域化差异，要建立良好的体育公共服务体系，必须完善转移支付制度，集合多方面的力量共同建设体育公共服务，让人民大众共享成果。我们必须看到，在贫穷落后的农村地区和低收入人群中，体育公共服务的投入不仅会带来巨大的经济效益，而且还能够改善人们的体质，使人民幸福感大大提高。因此，政府有必要通过二次分配和转移支付的方式加强体育事业的发展，促进体育公共服务均等化发展，提高整个社会的幸福指数。

（2）我国财税体制的必然体现。目前，我国体育公共服务普遍存在区域发展不平衡的现象，但是国家体育职能及公共财政的基本要求都是做到体育公共服务均等化，这就需要各级政府为公众提供基本的、大致平等的体育公共服务。根据目前的情况分析，存在这种不平衡现象的主要原因，我们认为是投入的财政资金的不平衡。要合理地分配资金，就要用到政府转移支付，这是解决体育公共服务不平等的重要途径和方法。我国分税制的实质是采取多层预算的方式，形成中央和地方的收入分配制度，进而确定哪些税种属于中央政府管理，哪些税种又可以划归到地方政府。一般认为，中央政府管理的是税基宽、流动性强、关系国计民生的税种，而地方政府管理的是非流动性强、在当地适用的税收。前者占中国财政收入的很大一部分，而后者则明显不足。在现行体制下，体育公共服务的具体权力基本属于各级政府。

（3）财政体制要求事权和财力相匹配。事权和财力是政府行政的根本。事权和财力的匹配也是政府管理的根本和基础。目前，我国在促进体育公共服务方面，政府存在着事权和财力错位的现象，尤其在落后地区。正是由于这种现象的存在使体育公共服务的建设十分艰难，政府提供体育公共服务的功能也难以实现。财政转移支付制度下的资金支出要求严格地列支和预算，如果存在转移支付资金，必须与资金的使用相对应，这就是事权和财力的对应关系。转移支付制度对于解决事权和财权不匹配问题无疑是十分有效的，对于体育公共服务资源的合理配置也十分有用。资金的使用是政府公共财政的一个重要的研究领域，它关系着体育公共服务的质量，衡量的标准是资金使用效率，它是一个非常明确的标准，指的是使用相同单位的资金给体育公共服务带来多大的提高。资金运用的好坏直接关系到公共服务质量的好坏，它们有明显的正相关关系。体育公共服务转移支付就是为了保证资金的有效使用，实现财政体制对体育的促进作用。

二、收入性财政政策

（一）促进我国体育产业化的财税政策

当前，我国体育产业化还在起步阶段，呈现出的是规模小、产业结构不完整、经济功能未显现的特征，要发挥体育产业的积极作用，让体育产业成为经济发展的一个新的增长点，就必须在实践中调整和完善现行的财税制度、法律制度和行政制度。

进入 21 世纪，第三次产业革命正在高速发展，信息时代、大数据互联网时代飞速发展，世界进入深刻变革时期，世界经济也迎来了新的发展机遇期。经济的快速发展带来了社会体育需求的增长，给政府财政带来了很大压力。目前，世界正在进行产业革命，体育产业被越来越多的国家纳入第三产业的范畴，都积极地推出政策引导体育消费。由于体育部门属于非营利性部门，具有一定的公益性，因此国家对体育部门采取了一定程度的税收优惠政策。中国是一个发展中国家，人口多，起点低，在体育产业的发展中，单纯依靠国家资金是不可能的。我们要借鉴国外先进国家的成功经验，积极运用市场这个工具，改变传统的垄断，培育好体育市场，发挥体育市场的经济功能，加快推进体育管理体制改革，创新多元化投资方式，以税收等宏观调控手段促进体育发展，促进体育产业化和市场化。

（二）我国体育非营利组织使用的税收优惠制度

1. 体育非营利组织自身享受的税收优惠

根据基金会应纳税所得额的相关规定，体育基金会存款的利息收入不用纳税，但其证券收入和其他收入是要交税的。根据《财政部、国家税务总局关于对老年服务机构有关税收政策问题的通知》，特别是对于为老年人提供健身服务的非营利组织，免征企业所得税、自用财产税、城镇土地使用税和车船使用税，体育社会团体用于办公、教学的土地和住房免征契税。

2. 向体育非营利组织捐赠享受的税收优惠

我国公益事业慈善法的具体税收优惠制度如下：企业的公益捐赠支出（在年度利润总额的 12% 以内）可以在税前扣除；社会力量通过公益性社会组织向老年人、青年公益服务场所捐赠的，可以扣除税前应纳税所得额；允许个人的公益事业扣除税前应纳税所得额。对捐赠所得不超过应纳税所得额 30% 的部分，可以给予税前扣除；捐赠的项目，由当地人民政府给予税收优惠；境外公益性体育社会组织若是向公益事业捐赠物资，降低或者免征进口关税和增值税。

3. 体育非营利组织的税收优惠管理

非营利组织在税收优惠上的核心问题是免税资格认定和税收优惠申报。免税资格认定的依据主要是《中华人民共和国企业所得税法实施条例》第 84 条新税法规定的 7 个非营利组织免税条件，第 52 条规定的 9 个社会组织捐赠的企业，有关财税文件规定的税前扣除条件。免税资格认定的流程是"申报—审核"形式，即符合上述规定条件的公益组织向税务、财政等政府职能部门提交材料，经部门审核后公示公告，且每年一次不得有误。在税收优惠申报上，应根据①规定，相关材料齐全、审核无误后，主管税务机关可以依法按照清单对捐赠的企业进行税前扣除。对存在②第十条五项之一或者年检连续两年基本合格的，应当取消公益捐赠的税前扣除资格。公益社会组织接受捐赠时，应当出具省级以上财政部门印制的公益捐赠凭证，并加盖单位印章。

（三）我国体育彩票的税收管理政策

1. 我国体育彩票的内涵及发展现状

体育彩票是以大型体育赛事的名义由政府批准发行，是购买彩票人的购买凭证，目的是筹集闲置资金，以促进体育事业和社会公益事业发展，同时满足社会和彩票从业人员的需要。体育彩票除了电子彩票外，没有固定的价格。发行体育彩票是国家给予体育部门筹集资金的一项特殊政策，用于弥补体育发展资金的不足。

自 1987 年中国发行福利彩票、1994 年发行体育彩票以来，中国彩票市场进入了一个快速发展的时期。福利彩票的年销售额从 1740 万元增加到 2003 年的 200 亿元，体育彩票的年销售额从 10 亿元增加到 2003 年的 2010 亿元。迄今为止，中国通过向社会福利基金发行彩票筹集了 572.5 亿元人民币。但我国彩票市场仍存在一些不容忽视的问题，即彩票发行机构的恶性竞争和违规行为。这种恶性行为在我国彩票市场已经存在了很长时间，需要从根本上改革市场结构和监管制度才能避免。我们需要认识到体育彩票在我国体育产业中的利与弊，

① 《财政部、国家税务总局、民政部关于公益性捐赠税前扣除有关问题的补充通知》。
② 《财政部、国家税务总局、民政部关于公益性捐赠税前扣除有关问题的通知》。

从而采取适当的对策，最大限度地发挥其积极作用，避免消极作用。目前，体育彩票的销量逐年增长，销售模式日趋成熟。2010 年后，发行量开始迅速增长。2011 年，体育彩票、福利彩票总销售额近 800 亿元（约 36 亿美元）。① 买彩票的人的普遍心态是排斥单一和倾向于多样化，各种各样的彩票才能引起不同层次的彩票爱好者的兴趣。随着新彩票的开发和运营，彩票的销量将会大幅度增加。

从目前中国彩票行业的分配模式来看，政府逐渐放宽了总体政策，体育彩票的发行权由国务院批准，体育彩票的发行由财政部作为指定的具体发行部门监管。体育彩票的年度发行限额由国家体育总局根据各省的需要计算，并根据上年度的销售额和当地的收入情况制定限额，配额由财政部报国务院批准。无论是发行限额的确定还是多层次机构的建立，它都带有计划经济的色彩。然而，随着国民经济体制改革的进一步深化和体育彩票业日益成熟的发展，我国彩票行业的管理模式将朝着国家垄断管理和民营化的方向发展。

2. 我国体育彩票使用的税收优惠政策

彩票作为一项公益事业，筹集社会公益资金，所以彩票的发行受到我国政府的保护，并对彩票的发行采取优惠政策。彩票税收政策正是优惠政策的体现。与其他产业需要上交 25% 的企业所得税不同，由于体育彩票的发行收入按规定纳入统计财政预算外资金财政专户，所以根据 1997 年颁布的《企业收取和交纳的各种价内外基金（资金、附加）和收费征免企业所得税等几个政策问题的通知》要求对体育彩票产业免征企业所得税。1998 年以前，体育彩票的个人一次中奖收入按当时政策免征个人所得税。从 1998 年 4 月 1 日起，根据财政部和国家税务总局发布的《关于个人取得体育彩票中奖所得征免个人所得税问题的通知》规定，对个人购买体育彩票中奖收入的

---

① 秦勇：《我国体育彩票经营管理对策研究》，载于《中小企业管理与科技》2013 年第 11 期。

所得税政策做如下调整：凡一次中奖收入不超过 1 万元的，暂免征收个人所得税；超过 1 万元的，应按税法规定全额征收个人所得税。对彩票代销单位和投注站取得的手续费收入，我国目前按照服务业中的代理业征收 5% 的营业税。

1996 年，我国财政部、国家税务总局发布《关于体育彩票发行收入税收问题的通知》，根据规定，体育彩票的发行收入不需要缴纳增值税和营业税；营业税也仅限于对体育彩票的销售单位收取；企业所得税是针对的体育彩票的发行收入；购买体育彩票中奖的个人，需全额按规定税率缴纳个人所得税；用体育彩票收入兴建的体育设施的投资，可以按情况的不同征收调节税。

1998 年，财政部、国家税务总局发布《关于个人取得体育彩票中奖所得征免个人所得税问题的通知》，对我国个人购买体育彩票中奖收入的所得税政策做了调整，自 1998 年 4 月 1 日起，不再全额缴纳 20% 的个人所得税，而是分段缴纳，规定凡一次中奖收入不超过 1 万元的，暂免征收个人所得税；超过 1 万元的，应按税法规定全额征收个人所得税。

为了督促我国的体育彩票税收政策落实到位，2005 年，国家税务总局出台《关于严格执行体育彩票福利彩票有关营业税政策的通知》。通知中指出，各地要严格执行财政部、国家税务总局出台的各项彩票税收政策，既要严格落实彩票的营业税政策，又不能忽略征收彩票收入的营业税，采取定期或不定期检查等方式，加强税源管理和监控，保证国家税款应收尽收。各地要调查了解本地区已出台文件的执行情况，对文件执行中出现的情况和问题及时上报国家税务总局。

3. 体育彩票销售发行中存在的问题

（1）片面追求经济效益。发行体育彩票的落脚点在于募集社会闲散资金，减轻财政负担，同时以筹集到的资金支持体育产业的发展，最终达到满足人民日益增长的体育消费需求的目的。体育彩票应当是经济性、公益性的统一。但在体育彩票进入市场后，体育彩票消费并不高，一些单位单方面的追求经济利益，竟然夸大体育彩票的中奖概率，甚至误导消费者，导致产生负面影响，更影响人们树立正确的消费观念，特别是青少年。

（2）运行机制不完善。体育彩票发行涉及巨大的利益，是很容易发生各种问题的，规范化发行是体育彩票的题中之义，具体的落实措施则要靠法律法规。目前，我国采取的是财政部、民政部和国家体委等多部门联合监督管理的管理模式。尽管如此，体育彩票发行和销售过程中还是存在着许多问题。深究问题出现的根源，一方面是监管不到位，另一方面是运行机制不健全，迫切需要完善立法。

（3）经营管理机构不健全。我国体育彩票行业发展时间较短，缺乏经验，行业规范还不完善，相关的政策措施还不配套，导致管理机构不完善，人员责任不明确。在一些地区，体育彩票的发行和管理甚至缺乏正式的机构和专门的管理人才。总体而言，彩票行业处于管理团队发展不平衡、员工专业水平参差不齐的状态，因此，体育彩票应有的功能并没有得到充分的发挥。

三、其他财政政策

（一）我国体育赞助活动的现状

近年来，体育赞助在世界范围内取得了很大的发展，尤其是在欧美发达国家。目前从全球看，体育赞助的发展趋势呈现一种扩大化现象，体育赞助的影子几乎延伸到世界上的任何一场体育赛事，体育赞助已与商业活动结合在一起，商品品牌通过赞助体育赛事扩大自身品牌的知名度。从市场的角度考察体育产业中的体育赞助现象，我们可以发现，体育赞助是推进体育市场化的重要抓手之一。可以这样说，体育赞助在体育产业中的出现让体育产业市场化从"看不见"变为"看得见"。近年来，体育赞助也积极参与到中国主办或参与的各项体育赛事之中，有力地推动了中国体育市场化进程。

体育赞助的税收问题同样也引起了各方的关注。2002 年，《关于给予体育赞助税收优惠政策特案处理的复函》就体育赞助税收问题做了处理，并体现在了北京奥运会的筹备工作中。为了迎接这一举世闻名的盛会，三部门联合下发《关于第 29 届奥运会税收政策问题的通知》，对北京奥组委、奥运会赞助企业和运动员个人，特别是各类赞助奥运会的企业，提供了全方位的税收优惠。

奥运会税收承诺的完全履行推动了我国体育赞助的发展。2010年，《关于加快发展体育产业的指导意见》发布，国务院更加明确了体育赞助的税收优惠的具体措施。在国家宏观政策的引导下，部分地方政府关注区域经济社会发展，并颁布了相关的地方法律法规，鼓励体育赞助，促进体育产业发展。河北省率先颁布《关于加快发展体育产业的实施意见》，指出了可用于计算企业、个人等社会力量向公益体育事业捐赠的应纳税额。通过非营利性社会组织和国家机关在中国境内从事体育公益事业的个人，在计算应纳税所得额时，可以扣除个人所得税应纳税所得额的 30% 以下的部分。捐赠的境外货物涉及进口环节的进口关税和增值税的，按照国家有关规定办理减免税。对个人和其他社会力量，非营利性社会组织和国家机关对公共青年体育场馆（包括新建体育场馆）的捐赠，允许在缴纳个人所得税前全部扣除。通过税收优惠和减免政策，引导和鼓励企业举办体育活动。2009 年第 24 届哈尔滨世界大学冬季运动会、2010 年第 16 届广州亚运会和 2011 年第 26 届深圳世界大学生夏季运动会也相继出台了类似的税收优惠政策。

（二）促进体育赞助活动的税收优惠政策

1. 确立以所得税为重点的税收优惠政策

在我国现行税制下，体育赞助税收问题主要体现在企业所得税上。除了货币的形式外，企业通常还以实物、技术和劳务的形式赞助体育运动。按照企业所得税法的规定,企业的赞助支出以实物的形式支付,应当依据企业所得税法的规定在税前扣除。企业以现金形式的赞助支出直接导致资产减少或负债增加,业主权益发生变化,完全符合税法对"费用"的定义。

2. 重视税收政策的引导作用

目前体育赞助项目和领域表现出来的不均衡的现状,需要政府对不同赞助领域采取差异性的税收待遇来进行引导和规范,对企业和社会资金支持公共体育事业给予重大激励。公共体育组织和群众体育项目中社会资金的流动有利于全民身体素质和精神文明的提高。除税前扣税外,我们还可以采取更有力的配套税收优惠措施。这不仅能够有效地提高企业等社会组织参与公益体育事业的积极性,还能极大地减轻国家财政资金的压力,实现体育产业市场化的转变。

3. 赞助税收政策体系及法律法规等不健全

制度保障和法律保障是体育赞助行稳致远的关键。这方面可借鉴《中华人民共和国公益事业捐赠法》,应加快立法,明文规定赞助的性质、过程和赞助权益的保护措施,明确划分和标准化权利、责任和义务,使赞助工作合理合法。对我国体育赞助的税收法律地位和税收政策做更全面、更详细的规定,以规范和有效引导我国体育赞助的发展。

第三节　财政政策中存在的问题

一、我国体育事业公共财政支出的问题

我国在体育方面的财政投入非常有限,财政支出占比只有不到1%,而许多发达国家可以超过2%。此外,我国体育支出的比例严重失衡，各项目、各区域的体育投资在我国各项经费支出排名中长期存在严重不均。因此，我国体育事业的发展存在较大问题，主要体现在财政支出的竞技体育与群众体育在各项目、各区域及城乡间的不均衡上。

（一）体育事业公共财政支出中群众体育比重低

分析图 3-5 时我们就已经发现，群众体育经费支出在体育事业经费支出所占的比例偏少，而且增长幅度较缓慢，图 3-8 更加详细地说明了这个问题。2010 年我国群众体育经费财政支出为 21.31 亿元，在 2014 年虽然上升到了 29.04 亿元，但是竞技体育/群众体育却从 5.62 倍上升到了 6.96 倍。虽然自 2010 年以来，群众体育经费财政支出一直有小幅的增长，到 2018 年，上升到了 47.32 亿元，但还是远远落后于其他项目的财政投入程度。

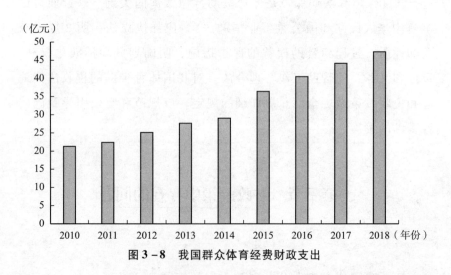

图 3-8　我国群众体育经费财政支出

在表 3-4 中，我们惊讶地发现，在全国体育公共财政支出中，竞技体育财政支出竟是群众体育财政支出的 4~6 倍，体育事业公共财政支出中竞技体育比重高而群众体育比重低的问题可见一斑。

表 3 - 4　　全国体育公共财政支出中竞技体育与群众体育之比较一览表

年份	竞技体育				群众体育	竞技体育/群众体育
	体育竞赛（亿元）	体育训练（亿元）	体育场（亿元）	总量（亿元）	总量（亿元）	
2010	27.61	24.23	67.96	119.8	21.31	5.62
2011	41.18	27.7	67.58	136.46	22.39	6.09
2012	24.56	32.71	80.64	137.91	25.11	5.49
2013	26.52	34.73	89.68	150.93	27.65	5.46
2014	25.91	39.3	136.97	202.18	29.04	6.96
2015	25.3	39.97	109.85	175.12	36.44	4.81
2016	23.67	45.24	119.5	188.41	40.51	4.65
2017	31.91	48.63	132.58	213.12	44.16	4.83
2018	40.23	57.59	139.64	237.46	47.32	5.02

资料来源：Wind 数据库。

（二）竞技体育系统内运动项目发展不平衡

尽管政府在体育事业上的财政投入偏向于竞技体育而不是群众体育，但在竞技体育系统内，资金的流向也有偏差，从而导致竞技体育系统内运动项目发展不平衡。对于国家而言，奥运争光类项目相对于非奥运争光类项目似乎显得更加重要。判断一个国家对一项体育项目是否重视，除了可以由国家为此项目拨出的财政款项的多少看出之外，还可以由参加此项目的运动员人数看出。我们以 2008 年几项奥运项目的运动员人数为例，在跳水、举重、射击、体操、乒乓球和羽毛球这 6 项奥运传统优势项目的运动员共 4872 人，其中在队的优秀运动员则有 4293 人；而非传统优势的 6 个项目的运动员数只有 234 人，其中在队的优秀运动员仅仅只有 207 人，人数差距如此之大，前者竟是后者的 20 倍左右（见表 3 - 5）。

表 3 - 5　　2008 年我国奥运和非奥运项目优秀运动员人数一览表　单位：人

奥运传统优势项目	总计	在队	待分配	非奥运项目	总计	在队	待分配
跳水	473	425	48	蹼泳	38	31	7
举重	771	645	126	滑冰	28	24	4
射击	1592	1385	207	中国式摔跤	80	70	10
体操	647	562	85	登山	16	15	1
乒乓球	807	734	73	围棋	65	60	5
羽毛球	582	542	40	轮滑	7	7	

（三）体育事业公共财政支出区域发展不均衡

体育事业公共财政支出区域发展不均衡问题主要体现在两个方面：一方面，中央和地方对体育事业经费财政支出表现出不均；另一方面，我国东、中、西部区域对体育事业财政支出表现出不均。

首先，中央政府对体育事业的财政支出在 1977～1999 年一直都在 10 亿元以下，并没有出现明显上升的趋势，然而在 2000～2008 年我们能感到中央政府对体育事业的财政支出有大幅度的增长，主要是为了 2008 年北京奥运会做准备工作；从图 3 - 9 可以看出在 2008 年之后地方支出出现了明显的增长，远高于中央支出，不过两者变化趋势都是上涨。

图 3 - 9　中央与地方对体育事业经费财政支出

从表3-6和图3-10中我们可以看到，在2008~2018年，中央对体育事业公共财政支出占国家财政支出中的比重很小，一直处于

表3-6　体育事业经费中央与地方财政支出占总财政支出的比重

年份	地方体育事业经费公共财政支出（亿元）	中央体育事业经费公共财政支出（亿元）	国家财政支出（亿元）	地方体育事业经费占国家财政支出比重（%）	中央体育事业经费占国家财政支出比重（%）
2008	191.88	13.41	62592.66	0.31	0.02
2009	225.36	12.9	76299.93	0.30	0.02
2010	242.01	12.16	89874.16	0.27	0.01
2011	252.86	13.49	109247.79	0.23	0.01
2012	257.45	15.04	125952.97	0.20	0.01
2013	283.52	15.56	140212.1	0.20	0.01
2014	353.26	17.49	151785.56	0.23	0.01
2015	337.85	18.63	175877.77	0.19	0.01
2016	368.09	21.39	187755.21	0.20	0.01
2017	452.23	22.62	203085.49	0.22	0.01
2018	466.01	28.71	220904.13	0.21	0.01

资料来源：Wind数据库。

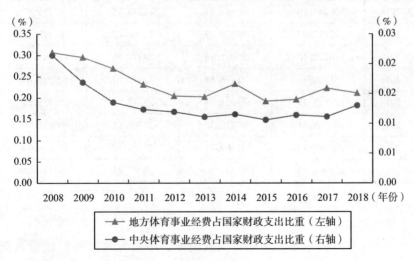

图3-10　体育事业经费中央与地方财政支出占国家财政支出的比重

0.02%及以下，占比较低；而地方对体育事业财政支出比重相对较大，并在2008年达到了0.31%，此后一直在小幅下降，但也逐步稳定在0.2%左右。由此可见，从在财政支出中的比重来看，地方体育事业经费是远远高于中央的。

表3-7表明了2008～2018年中央与地方财政收支比重，这几年中央财政收入都在20万亿元左右，呈稳步增长趋势；中央财政支出自2008年起都超过了1.3万亿元，在2018年更是高达3.2万亿元；但中央财政支出相当于财政收入来说，却是远低于其收入。地方财政收入却远低于其财政支出，2008年地方财政支出是其收入的1.7倍，2011年增长到了1.86倍，明显入不敷出。由此，地方和中央的财政收支比重之间存在的极度不平衡的问题也显现出来。

表3-7　　2008～2018年中央与地方财政收支比重比较一览表　　单位：亿元

年份	中央财政收入	地方财政收入	中央财政支出	地方财政支出
2008	62592.66	28649.79	13344.17	49248.49
2009	76299.93	32602.59	15255.79	61044.14
2010	89874.16	40613.04	15989.73	73884.43
2011	109247.79	52547.11	16514.11	92733.68
2012	125952.97	61078.29	18764.63	107118.34
2013	140212.10	69011.16	20471.76	119740.34
2014	151785.56	75876.58	22570.07	129215.49
2015	175877.77	83002.04	25542.15	150335.62
2016	187755.21	87239.35	27403.85	160351.36
2017	203085.49	91469.41	29857.15	173228.34
2018	220904.13	97904.5	32707.81	188198.26

资料来源：Wind 数据库。

1994年，国家宣布实行分税制改革，中央与地方的财政收入渐渐不再平衡。不难发现，中央的财政收入占总财政收入的比重渐渐的大于地方财政收入所占比重，这时我们会觉得中央应该比地方要付出更多，身上的负担更重，然而在事实上，地方财政支出所占比例却明显高于中央财政支出所占比例，而且把地方体育发展的责任由中央政府转移到了地方政府头上，这无疑导致了中央与地方在事权和财权的关系上形成了事、财两权极不对称的情况。图中可以很清楚地看到除了外交、国防、金融监管等事务支出这几项中央财政支出要比地方财政支出多，其他项目中央财政支出都要远远低于地方财政支出（见图 3 – 11）。

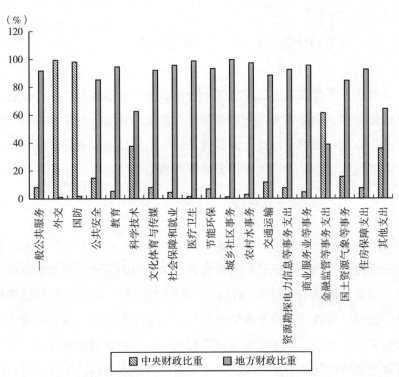

图 3 – 11　2018 年中央与地方财政各项目支出占全国财政支出比重示意

（四）城乡体育发展失衡

新中国成立以来，城乡体育资源分配不均的现象一直存在。长期以来，政府对农村体育的财政投入远远低于对城市体育的财政投入。政府在城市和农村体育领域的财政投入决定了两者的可获得性。现行的体育公共服务是不成比例的，城市居民人口占少数，得到的是质量更好且更多的体育公共服务，而农村人口占绝大多数，却只能得到更少的体育公共服务，而且质量远远低于城市，最终导致城市和农村体育发展的不平衡。

从城乡体育设施的差异也可以看出城乡体育发展失衡。根据第五次全国体育场馆普查数据，中国体育场馆数量为 850080 个，其中 91.82% 在城市，只有 8.18% 在农村，体育场馆基本上集中在城市。

二、体育税收激励政策存在的问题

当前，我国尚未形成完整统一的税收政策激励体系。现行税收优惠政策分散，刺激体育产业发展的税收政策不稳定。其中大部分是临时的体育税收政策，因此，税收优惠政策的激励效果不好，政府的支持力度不够，存在许多制约体育发展的因素。

（一）税收激励手段单一，负担沉重

目前主要表现为：一是主要激励手段只有直接优惠政策，其他途径几乎没有。二是缺乏长期有效的税收激励机制。缺乏有效的税收手段来刺激我国体育产业税收政策的发展，具体的税收手段有投资抵税、减税、免税、退税、损失补偿等。三是当前体育产业税负重。体育赞助和体育广告产生的收入是体育产业收入的重要组成部分，而体育赞助的税收优惠力度不大，因而导致体育产业缴纳的体育所得税较多，税负较重。

（二）体育产业捐赠税收政策存在诸多限制性矛盾

根据 2006 年颁布的《中华人民共和国个人所得税法》对非营利

性社会组织和体育组织的个人捐赠超过个人所得税应纳税所得额
30%的，不得扣除。但是，2008年颁布的《中华人民共和国企业所
得税法》第九条规定，企业产生的公益捐赠支出，可在税前抵扣
12%的利润。对其他合法的非营利性组织的捐赠，仍然不能享受比例
扣除的税收优惠政策。显然，以上两种税法在捐赠税收政策上是矛盾
的。此外，与世界上体育产业发展良好的发达国家相比，体育产业
12%的税前捐赠扣除率仍然不够，处于较低水平。

（三）现行体育产业税收政策缺乏连续性和持久性

我国现行体育产业税收政策基本都是以暂行条例或实施办法等方
式确定的，并没有形成固定的法律，一般是专门为国际比赛或仅针对
某一具体的事件制定和颁布的，具有临时性，缺乏可持续性和普遍
性。如为迎接北京奥运会，早在2003年，我国政府就开始制定和颁
布各种税收优惠政策。这些优惠政策对中国奥运会的成功举办起到了
很大的作用，但随着2008年奥运会的结束而受到削弱甚至直接取消。

三、我国体育赞助税收政策存在的问题

中国体育赞助起步较晚，规模小。在20世纪末，随着足球的职
业化发展，体育赞助才开始加速发展，体育赞助的税收优惠问题开始
引起相关部门的关注。2008年，国家税务总局制定税收优惠政策，
如免征关税、营业税、代扣代缴所得税和全额扣缴所得税等，以此来
补偿那些协助国家举办奥运会的企业。而2008年北京奥运会的巨大
成功让我国对体育产业的发展更加重视，积极完善各种政策，包括利
用税收政策来促进体育赞助，坚持不懈推进体育市场化改革。

在体育税收优惠政策取得进展的同时，也存在许多问题，在某种
程度上打击了相关企业发展体育的积极性。

首先，体育赞助支出的现状在立法上并不明确。目前，我国体育

赞助的税收政策主要表现在企业所得税方面。具体分为三种情况：第一，根据《企业所得税法》第九条以及《企业所得税法实施条例》第五十三条的相关规定，公益性捐赠支出符合规定是允许在计算应纳税所得额时扣除年度利润总额的12%；第二，企业体育冠名赞助费用符合《企业所得税法》第八条以及《企业所得税法实施条例》第四十四条的相关规定，应当扣除的广告费用和业务宣传费用不超过年度销售（业务）收入的15%；超过规定数额的，可以在下一个纳税年度结转扣除；第三，除上述两种情况外，《企业所得税法》第十条明确规定，赞助支出，包括企业以实物、技术等方式提供的赞助，均不得扣除。因此，根据以上规定，通过税前扣除的方式降低体育赞助成本的程度非常有限。第一种，公益捐赠必须通过具有严格法律资格的公益组织或者县级以上人民政府有关部门进行，它们在中国的实施条件非常严格。在实践中，只有很小一部分符合要求。第二种，在体育赞助的实际运作中也面临着一定程度的障碍。根据税法规定，只有从事广告行业的单位才能开具专门的广告发票，赞助支出才能算作广告支出，享受所得税税前扣除。事实上，中国的体育赛事一般是由体育行政部门或事业单位组织的，这与"广告行业专业单位"不一致，很难达到税前扣除的条件。这就导致了企业想要获得税收优惠和税前扣除，只能冒险违纪，用广告的名义来支付账单，或者从员工税后的利润或福利支出中支出。这不仅挫伤了企业的积极性，而且一旦这种做法形成了一种不良的社会氛围，就会造成无穷无尽的不良后果。

其次，现行税法对体育赞助的支持有限。在我国的整个税制结构当中，税法对体育赞助的支持只是局限在所得税上，甚至对不同形式的赞助还进行了粗略的区分，实行不同的税率，造成税负的不公平。除此之外，税法规定赞助只能在年度利润总额的12%以内扣除。然而，这一限制带来的减税力度也是有限的，事实上，超过限额的赞助企业也可能需要缴纳相应的税金。

最后，税收优惠的政策取向不突出，赞助领域和项目的积极引导作用并不明显。由于我国的基本税法尚未形成规范完整的统一体系，公益捐赠的税收政策相对分散。加上不同的历史背景和时代背景，税收实体法并不是一个统一协调的整体，税收实体法之间也没有协调。另外，捐赠支出的抵扣方式是不合理的，其中的规定对人们捐赠的积极性不仅没有提高，反而还有限制的作用，如公益性赞助支出只能按规定的标准在当年纳税前一次性扣除，而超过部分的捐赠，只能在汇款结算时以税收方式增加，不得延期扣除。当年处于亏损状态的捐赠企业，企业发生的捐赠支出不能税前扣除。因此，就这项规定而言，对公益赞助的规模有严格的限制。同时，体育赞助的对象一般集中在职业体育赛事上。由于缺乏经济利益，很少有人对大众体育活动和项目感兴趣。税收政策没有倾向于这些群众性体育活动，也没有起到引导和协调作用。

四、我国体育财政管理存在的问题

（一）体育财政事权与财权配置不合理

第一，体育事权与体育财权分离。当前，我国税制改革并没有形成固定的机制，是一种非正式的分权模式，目前表现为事权下放而财权上收。从目前的体育管理体制来看，在自上而下的行政控制的状态下推进分税制改革也有着很大的阻力，主要的问题在于上级政府不会轻易改变"利己"的财政分权制度。中央政府起着统筹全局的作用，面对着当今社会上的重重矛盾，以及脱贫攻坚、实现全面建成小康社会的压迫感，它将不可避免地倾向于集中更多的财权而分散更多的事权。除此之外，正在推行的分税制改革本身也不全面，存在着诸如没有延伸到省级以下政府等局限性，这就导致省级政府和乡镇级政府之间体育财权和事权进一步分离，这也是纵向失衡的焦点。这种情况的具体表现如下：体育金融力量在县和乡镇政府还没有扩大，县和乡政府无法通过金融获取"额外"资金，却承担着应该属于中央事权范围内的体育建设，沉重的经济负担势必将影响体育在乡镇的正常发展。此外，由于分工的体育权利和支出责任的体育法律不是很清楚，有部分体育权利和支出责任之间的重叠情况：属于中央政府义务由地方政府承担，如在农村地区，中部和西部等贫困地区的体育发展；地方事务的支出由中央政府承担，如体育设施设备的维修、翻新等。

第二，掌握的体育资源与其承担的体育职能不匹配。2000 年的分税制改革是一种以权力为导向的改革，通过分税制改革，收入稳定的大宗税种划归中央政府，在一定程度上改变了中央政府包揽全部税收征管的现状，使地方政府拥有一定的财权。但地方税收征管不稳定，税源分散，征管难度大。在税收立法权缺失、税源及税种无法扩大的情况下，地方政府财政资金用于体育发展领域十分有限，地方政府还承担着大量的推进体育事业发展的重要任务，特别是偏远地区，而地方政府体育收入主要依靠非税收收入。

（二）体育财政预算管理制度缺失

从法律层面看，《预算法》已经颁布，但有待修订完善，除此之外相关的预算规定也没有制定出来，无法为体育财政预算提供正确的指导。目前，我国的体育预算法主要存在以下几个方面的问题：首先，体育预算管理权的划分存在缺陷。目前，体育行政部门的预算、执行、监督权力集中于一个方面，既不能分散，也不能制衡，容易滥用权力。同时，体育预算仅由体育行政部门编制，由于缺乏专业知识和技术，必然会失去科学性。其次，体育预算调整不受限制。《预算法》的第五十三条中规定调整预算的条件是出现"特殊情况"，但什么是"特殊情况"法律并没有进行规定，这将导致政府决策没有提交预算调整计划给全国人大审批便可以执行。人大预算审批变得毫无意义。在具体执行上，往往也是只需要说明原因，报财政部批准后即可执行，预算调整因此具有随意性。再次，体育预算的执行不严谨。

由于《预算法》规定的时间是1月1日至12月31日，而中央和地方政府的预算草案要到3月、7月和8月各级人民代表大会批准后才能生效。在等待期间，各级政府预算的执行不能以法律为依据，这为任意消费提供了机会。此外，中国的预算法对不真实、不及时、预算支出不按规定分配的行为不予处罚。而且，对违反预算的行为追究责任的形式单一且过于宽松，这不能阻止体育预算的随意执行。

（三）体育支出绩效管理体系存在不足

首先，体育绩效预算制度尚未建立。体育绩效预算是体育财务支出绩效管理的起点，也是一项基础工程。到目前为止，政府还没有制定出相关的法律法规来规范体育预算绩效，导致体育预算制度缺失。其次，缺乏体育支出绩效评价体系。体育财政支出绩效评价是对预算资金使用效果的一种评价，它采用的一般是与体育产业相关的方法和指标体系，是一种公认的比较客观的反映预算资金支出的经济效益的评价体系。

在体育财政支出绩效评价体系上的不足主要有：一是绩效评价内容包含的范围有限。一般来说，体育财政支出的绩效评估首要看的是其是否符合规范，而往往忽视资金的使用效率是否正常，对项目效率和开发效率也是忽视的，这就使体育财政支出的绩效评价无法满足当前体育发展决策的需要。二是体育财政支出绩效考核奖惩机制没有建立健全。考核的目的在于督促和警示，没有奖惩机制，考核就是没有意义的。而在目前，考核的结果只是作为一项文件进行保存，只是作为一种成绩的凭证，对在考核中发现问题的也没有对项目负责人进行处理，从而使体育财政支出评价体系形同虚设。三是体育绩效问责制尚未建立。有问题就要问责，体育绩效评价体系就要体现问责的性质，要给相关负责人员压迫感，督促他们高质量高效率地完成工作，将体育财政资金的经济效益完全发挥出来。然而，这部分一直处于空白状态。四是缺乏体育绩效审计制度。审计是一种外部监督，能够更客观公正地对体育产业部门财务支出活动进行监督，这是体育健康发展的基础，然而这一制度尚未建立。

（四）体育财政监督制度存在的缺陷

第一，预防监督和程序监督不被重视。目前我国对体育金融的监督还存在着空缺，因而预算的约束是没有权威性的，如前所述，具有随意性，这也导致了体育财政转移支付预算的编制与实施具有一定的随机性。由此可见，我国体育金融监管不是从编制中央体育金融转移支付预算和地方体育金融预算开始，而是从事后监管开始。

第二，全国人大和审计部门监管薄弱。一是人大的监督在体育预算上是缺失的，人大的审核预算时间过短，不能让人大代表仔细地对预算的合理性进行分析验证。二是人大代表分散到各个岗位，可能并没有接触到具体的预算执行情况，这不利于人大开展监督职能。在审计上，审计的力度是不够的，审计的内容也只是专注于传统的领域，没有把体育财务支出绩效审计作为重点。另外，审计效果具有滞后效应，主要表现在体育支出的事后审计上。三是审计监督的独立性和专业性不足。

本章基于我国体育产业目前财政政策支持发展现状及产业特点来构建体育产业发展的效应指标，并运用现有的统计数据，对我国2008～2017年体育产业发展效应指标进行实证分析，研究各类财政政策对于体育产业的发展所带来的影响以及优化路径。

第四节 促进体育产业发展的财政政策实证分析
——基于我国体育产业发展相关数据

一、效应指标选择

从经济学和财政学的角度来看，政府的财政职能在于实现资源的有效配置、收入的公平分配以及维持经济的稳定增长，因此政府财政投入的政策目标主要表现在促进地区经济增长、优化产业结构、扩大就业、增加收入、促进私人消费等方面。因此，本书在选择体育产业财政支持效应评价指标时，主要围绕经济效应、规模效应、协同效应、就业效应及收入效应来选择具有代表性的指标，考虑数据的完整性和可获得性，特选择以下指标作为衡量我国体育产业发展的效应指标（见表3-8）。

表3-8　　　　　　　　　　　体育产业发展效应指标

总目标层	控制层	指标层
体育产业发展水平	经济效应指标	GDP
	规模效应指标	体育产业产值增加值
	协同效应指标	第三产业增加值占GDP比重
	就业效应指标	文化、体育和娱乐业城镇单位就业人员
	收入效应指标	文化、体育和娱乐业就业人员年平均工资

第一，经济效应指标：经济效应反映的是体育的财政投入对于经济发展的拉动作用。目前我国将国内生产总值（GDP）作为新国民经济核算体系中反映一国（或地区）的经济实力的综合性核心统计指标，因此本书选取GDP作为衡量财政支持体育产业发展的经济效应指标。

第二，规模效应指标：规模效应指标主要指体育的财政投入对于体育产业规模的影响。体育产业产值增加值，反映的是一个国家（或地区）所有常住单位在一定时期内运用生产要素进行体育产业生产活动的最终成果，因此本书选择体育产业产值增加值作为衡量财政支持体育产业发展的规模效应指标。

第三，协同效应指标：协同效应指标主要是反映体育产业的发展对其他关联产业发展的带动作用。目前随着体育产业的发展，越来越多的地方把体育产业和城市转型升级结合起来，把体育产业作为经济社会发展的重要抓手，着力打造体育产业集聚区和体育特色小镇，发挥体育产业的协同作用、带动作用。因此本书选择第三产业增加值占GDP比重作为衡量地区产业协同效应指标。

第四，就业效应指标：就业效应指标主要是反映体育财政投入对于体育产业就业人数的影响。由于数据的可获得性，本书选择了文化、体育和娱乐业城镇单位就业人员作为衡量就业效应指标。

第五，收入效应指标：收入效应指标主要是反映体育财政投入对于体育产业就业人员的收入的影响。由于数据的可获得性，本书选择了文化、体育和娱乐业就业人员年平均工资作为衡量收入效应指标。

二、效应指标实证分析

体育产业的发展离不开政府财政政策的支持与引导，具体来讲可以从体育财政支出和体育财政收入两个角度来分析政府财政政策是如何影响体育产业发展的。

（一）体育财政支出

从体育产业发展相对较快的发达国家的成功经验来看，体育产业的发展需要大量的资金，就我国的实际情况来看，要实现体育产业的经济价值、社会价值、文化价值需要政府部门给予方方面面的鼓励与支持。同时为了把我国从体育大国转变为体育强国，也需要在财政投资上不断加大力度。

（二）体育财政收入

发展体育产业的财政收入政策工具有税收优惠、体育彩票公益金、体育收费等。为了能量化研究财政收入政策对于体育产业发展的影响，故选择体育彩票公益金收入作为衡量财政收入政策促进体育产业发展的指标。彩票公益金是政府非税收入形式之一，指按照国家有关规定将发行彩票所获得的销售收入剔除返奖金以及发行费用后的净收入。体育彩票公益金是彩票公益金的一种类型，是指经国务院批准，从体育彩票销售额中按规定比例提取的专项用于发展体育事业的资金。体育彩票公益金具备着"取之于社会、用之于体育、服务于人民"的特点和目标，近些年来已成为促进我国体育产业发展的重要资金来源，并且为建设体育公共基础设施、举办大型体育赛事、培养体育专业人才等方面做出了重大贡献。

据此可以建立以下财政政策促进体育产业发展的函数模型：

$$Y_t = \beta_0 + \beta_1 X_1 + \beta_2 X_2 + \mu \quad (t = 1, 2, 3, 4, 5)$$

模型中 Y 为衡量体育产业发展的效应指标，其中 Y_1 为经济效应指标、Y_2 为规模效应指标、Y_3 为协同效应指标、Y_4 为就业效应指标、Y_5 为收入效应指标；X_1 为一般公共体育财政支出额，X_2 为体育彩票公益金收入额。为了细致准确地实证分析财政政策对体育产业发展的影响，下面将依次把 Y 与 X_1、X_2 进行回归分析，从而探究出财政政策对体育产业发展水平的影响。具体数据如表 3-9、表 3-10 所示。

表 3-9　　　2008~2017 年体育产业发展水平效应指标数据

年份	经济效应指标（Y_1）GDP（亿元）	规模效应指标（Y_2）体育产业产值增加值（亿元）	协同效应指标（Y_3）第三产业增加值占 GDP 比重（%）	就业效应指标（Y_4）文化、体育和娱乐业城镇单位就业人员（万人）	收入效应指标（Y_5）文化、体育和娱乐业就业人员年平均工资（元）
2008	319244.6	1555	42.8	126	25541
2009	348517.7	2100	44.3	129.5	27829
2010	412119.3	2220	44.1	131.4	31128.5
2011	487940.2	2740	44.2	135	35272
2012	538580	3136	45.3	137.7	39867.5
2013	592963.2	3575	46.7	147	44870.5

续表

年份	经济效应指标 (Y_1)	规模效应指标 (Y_2)	协同效应指标 (Y_3)	就业效应指标 (Y_4)	收入效应指标 (Y_5)
	GDP(亿元)	体育产业产值增加值(亿元)	第三产业增加值占 GDP 比重(%)	文化、体育和娱乐业城镇单位就业人员(万人)	文化、体育和娱乐业就业人员年平均工资(元)
2014	641280.6	4040.98	47.8	145.5	48199.5
2015	685992.9	5494	50.2	149.1	53869
2016	740060.8	6475	51.6	150.8	59051.5
2017	820754.3	7811	51.6	152.2	64502

资料来源：表中数据来源于国家统计局官网以及《中国统计年鉴》。

表 3-10　　　　　2008～2017 年我国体育产业财政投入额　　　单位：亿元

年份	财政支出(X_1)	财政收入(X_2)
	一般公共体育财政支出	体育彩票公益金
2008	320.54	137
2009	321.93	165
2010	334.65	192
2011	336.73	245
2012	355.07	294
2013	356.08	355
2014	370.75	454
2015	356.48	415
2016	389.48	448
2017	474.85	483

资料来源：表中数据来源于财政部预算司公布的 2008～2017 年《全国一般公共预算支出决算表》以及国家统计局官网。

　　为保证表中的数据处于同一数量级，对其进行了对数化处理，这样可以消除数据的异方差性并且不改变变量间潜在可能的协整关系。

通过分析可以看出，体育产业各项发展指标与一般公共体育财政支出额和体育彩票公益金收入趋势变动保持一致，为避免直接进行OLS 回归可能会产生"伪回归"，需要对各时间序列进行平稳性检验和协整检验。

1. 平稳性检验

关于时间序列的平稳性检验，就是通过检验单位根的存在与否来判断其平稳性。常用的单位根检验方法是 ADF（augmented dickey-fuller）检验。ADF 检验可以用于以下三种类型的单位根检验：

第一种类型：不带截距项和不带时间趋势项的 P 阶自回归方程：

$$Y_t = \gamma Y_{t-1} + \sum_{i=1}^{p} \alpha_i \nabla Y_{t-i} + \varepsilon_t$$

第二种类型：带截距项和不带时间趋势项的 P 阶自回归方程：

$$Y_t = \alpha + \gamma Y_{t-1} + \sum_{i=1}^{p} \alpha_i \nabla Y_{t-i} + \varepsilon_t$$

第三种类型：带截距和带时间趋势项的 P 阶自回归方程：

$$Y_t = \alpha + \beta t + \gamma Y_{t-1} + \sum_{i=1}^{p} \alpha_i \nabla Y_{t-i} + \varepsilon_t$$

根据 ADF 单位根检验原理对这七个时间序列检验结果见表 3 – 11。

表 3 – 11 　　　　　　　　　ADF 单位根检验

变量	检验类型（c，t，k）	ADF 值	5%临界值	P 值	结论
LNY_1	（c，t，0）	– 1.830295	– 3.259808	0.3451	非平稳
Δ	（c，t，1）	– 2.487915	– 3.403313	0.1549	非平稳
Δ^2	（c，t，1）	– 8.706273	– 4.773194	0.0044	平稳
LNY_2	（c，t，0）	– 2.478410	– 4.107833	0.3296	非平稳
Δ	（c，t，1）	– 0.092305	– 2.006292	0.6178	非平稳
Δ^2	（c，t，1）	– 5.726714	– 4.450425	0.0161	平稳
LNY_3	（c，t，0）	– 0.066806	– 3.259808	0.9255	非平稳
Δ	（c，t，1）	– 2.265106	– 3.403313	0.2033	非平稳

变量	检验类型(c, t, k)	ADF 值	5%临界值	P 值	结论
Δ^2	(c, t, 1)	-2.225668	-2.021193	0.0357	平稳
LNY_4	(c, t, 0)	3.066336	-1.988198	0.9964	非平稳
Δ	(c, t, 1)	-0.811262	-2.006292	0.3289	非平稳
Δ^2	(c, t, 0)	-6.480332	-2.006292	0.0001	平稳
LNY_5	(c, t, 0)	15.36603	-1.988198	0.9999	非平稳
Δ	(c, t, 0)	-0.286235	-1.995865	0.5506	非平稳
Δ^2	(c, t, 0)	-4.116762	-2.006292	0.0016	平稳
LNX_1	(c, t, 0)	1.933880	-1.988198	0.9770	非平稳
Δ	(c, t, 0)	-0.195799	-1.995865	0.5847	非平稳
Δ^2	(c, t, 0)	-2.554605	-2.006292	0.0192	平稳
LNX_2	(c, t, 0)	3.885682	-1.988198	0.9991	非平稳
Δ	(c, t, 0)	-3.002013	-4.246503	0.1962	非平稳
Δ^2	(c, t, 1)	-5.039708	-4.773194	0.0416	平稳

注：(c, t, k)分别表示截距项、趋势项和滞后阶数，滞后期的选择标准参考 AIC 和 SC 准则；Δ 表示变量的一阶差分，Δ^2 表示该变量的二阶差分。

从表 3-11 的 ADF 单位根检验可以看出这七个时间序列变量是非平稳的，都为二阶单整序列，即 I(2)，这样的话，他们之间就有了协整关系的可能，因此在进行协整检验来判断他们之间存在的协整性质。

2. 协整检验

Engel-Granger(简称 E-G)两步法和 Johansen 检验法是检验变量间协整关系的两种主要方法，但两者的侧重点并不一样。E-G 两步法以协整的原理为基础，思路清晰，方法简便，运用较为普遍；Johansen 检验法主要用于分析 VAR 模型。对于本书的模型形式，采用 E-G 两步法比较合适。

E-G 两步法的检验前提是各变量序列必须是同阶单整时间序列。

具体到本文，通过表 3 – 11 中的 ADF 检验已知各变量序列为 $I(2)$，因此可做协整分析它们的长期均衡关系。E – G 两步法思路是：第一步，称之为协整回归，即假定两变量，如 Y_t 和 X_t，存在长期关系 $Y_t = a + bX_t + \mu_t$，并用 OLS 法对该关系模型进行估计。第二步，用 ADF 检验由协整回归得到的残差序列 $\hat{\mu}_t$ 的平稳性，即检验

$$\Delta\hat{\mu}_t = \phi\hat{\mu}_{t-1} + \sum_{i=1}^{m} \phi_i \Delta\hat{\mu}_{t-i} + e_t,$$

并使用适当的显著性水平或临界值检验 $H_0: \phi = 0$，$H_1: \phi < 0$。换句话说就是检验原假设下残差序列 $\hat{\mu}_t$ 是否平稳。

按照 E – G 两步法依次实证研究一般公共体育财政支出（X_1）和体育彩票公益金（X_2）对体育产业经济效应指标（Y_1）、规模效应指标（Y_2）、协同效应指标（Y_3）、就业效应指标（Y_4）、收入效应指标（Y_5）的影响。

（1）经济效应影响。

实证模型为：

$$Y_1 = \beta_0 + \beta_1 X_1 + \beta_2 X_2 + \mu$$

对模型中的变量采取对数化后采用最小二乘法（OLS）回归，并对残差序列进行 ADF 检验，回归结果见表 3 – 12。

表 3 – 12　　　　　　　　E – G 两步法实证结果

变量	解释变量系数	标准差	t – 统计值	P 值	F – 统计值	Adjusted Rsquared	水平值 ADF 检验的 P – value
C	– 3.88	0.876987	– 4.43055	0.0030	196.2878 (0.000001)	0.97	0.0069
LNX_1	0.47	0.223667	2.120185	0.0717			
LNX_2	0.59	0.056209	10.54591	0.0000			

从表 3 – 12 的实证结果看出，LNY_1 和 LNX_1、LNX_2 之间存在着长期均衡的协整关系，回归的校正决定系数为 0.97，表明 LNY_1 变化

程度的 97% 可由 $\mathrm{LN}X_1$、$\mathrm{LN}X_2$ 来解释，并且回归结果通过整体显著性检验（F 检验）和变量显著性检验（t 检验）。同时结果还表明一般公共体育财政支出对体育产业经济效应的影响弹性为 0.47，即一般公共体育财政支出每变动 1%，体育产业经济效应指标同向变动 0.47%；体育彩票公益金对体育产业经济效应的影响弹性为 0.59，即体育彩票公益金每变动 1%，体育产业经济效应指标同向变动 0.59%。

（2）规模效应影响。

实证模型为：

$$Y_2 = \beta_0 + \beta_1 X_1 + \beta_2 X_2 + \mu$$

对模型中的变量采取对数化后采用最小二乘法（OLS）回归，并对残差序列进行 ADF 检验，回归结果见表 3-13。

表 3-13 　　　　　　　E-G 两步法实证结果

变量	解释变量系数	标准差	t-统计值	P 值	F-统计值	Adjusted Rsquared	水平值 ADF 检验的 P-value
C	-19.41	2.740935	-7.08175	0.0002	50.81971 (0.000068)	0.92	0.0155
$\mathrm{LN}X_1$	1.56	0.699048	2.228684	0.0611			
$\mathrm{LN}X_2$	0.76	0.175674	4.344937	0.0034			

从表 3-13 的实证结果看出，$\mathrm{LN}Y_2$ 和 $\mathrm{LN}X_1$、$\mathrm{LN}X_2$ 之间存在着长期均衡的协整关系，回归的校正决定系数为 0.92，表明 $\mathrm{LN}Y_2$ 变化程度的 92% 可由 $\mathrm{LN}X_1$、$\mathrm{LN}X_2$ 进行解释，并且回归结果通过整体显著性检验（F 检验）和变量显著性检验（t 检验）。同时结果还表明一般公共体育财政支出对体育产业规模效应的影响弹性为 1.56，即一般公共体育财政支出每变动 1%，体育产业规模效应指标同向变动 1.56%；体育彩票公益金对体育产业规模效应的影响弹性为 0.76，即体育彩票公益金每变动 1%，体育产业规模效应指标同向变动

0.76%。

（3）协同效应影响。

实证模型为：

$$Y_3 = \beta_0 + \beta_1 X_1 + \beta_2 X_2 + \mu$$

对模型中的变量采取对数化后采用最小二乘法（OLS）回归，并对残差序列进行 ADF 检验，回归结果见表 3 - 14。

表 3 - 14　　　　　　　　E - G 两步法实证结果

变量	解释变量系数	标准差	t - 统计值	P 值	F - 统计值	Adjusted Rsquared	水平值 ADF 检验的 P - value
C	0.35	0.555238	0.629534	0.5490	19.93679 (0.001287)	0.81	0.0217
$LN X_1$	0.19	0.411608	1.359005	0.2163			
$LN X_2$	0.09	0.035587	2.755499	0.0283			

从表 3 - 14 的实证结果看出，$LN Y_3$ 和 $LN X_1$、$LN X_2$ 之间存在着长期均衡的协整关系，回归的校正决定系数为 0.81，表明 $LN Y_3$ 变化程度的 81% 可由 $LN X_1$、$LN X_2$ 来解释，并且回归结果通过整体显著性检验（F 检验）和变量显著性检验（t 检验）。同时结果还表明一般公共体育财政支出对体育产业协同效应的影响弹性为 0.19，即一般公共体育财政支出每变动 1%，体育产业协同效应指标同向变动 0.19%；体育彩票公益金对体育产业协同效应的影响弹性为 0.09，即体育彩票公益金每变动 1%，体育产业协同效应指标同向变动 0.09%。

（4）就业效应影响。

实证模型为：

$$Y_4 = \beta_0 + \beta_1 X_1 + \beta_2 X_2 + \mu$$

对模型中的变量采取对数化后采用最小二乘法（OLS）回归，并对残差序列进行 ADF 检验，回归结果见表 3 - 15。

表 3 – 15　　　　　　　　　E – G 两步法实证结果

变量	解释变量系数	标准差	t – 统计值	P 值	F – 统计值	Adjusted Rsquared	水平值 ADF 检验的 P – value
C	1.34	0.296237	4.529595	0.0027	78.52575 (0.000016)	0.95	0.0003
LNX_1	0.04	0.075552	0.594790	0.5707			
LNX_2	0.14	0.018987	7.291728	0.0002			

从表 3 – 15 的实证结果看出，LNY_4 和 LNX_1、LNX_2 之间存在着长期均衡的协整关系，回归的调整可决系数为 0.95，表明 LNY_4 变化程度的 95% 可由 LNX_1、LNX_2 来解释，并且解释变量的系数符号为正，即增加一般公共体育财政支出与体育彩票公益金对体育产业就业影响有正向促进作用。但是从各自的 t 检验看到一般公共体育财政支出的效应并不显著。但是就计量分析角度来看，可以剔除一般公共体育财政支出的部分重新对 LNY_4 和 LNX_2 进行回归估计，估计结果见表 3 – 16。

表 3 – 16　　　　　　　　　E – G 两步法实证结果

变量	解释变量系数	标准差	t – 统计值	P 值	F – 统计值	Adjusted Rsquared	水平值 ADF 检验的 P – value
C	1.39	0.271928	5.121575	0.0000	170.4678 (0.000001)	0.95	0.0010
LNX_2	0.15	0.011282	13.05633	0.0000			

从表 3 – 16 的实证结果看出，LNY_4 和 LNX_2 之间存在着长期均衡的协整关系。回归结果通过整体显著性检验（F 检验）和变量显著性检验（t 检验）。同时结果还表明体育彩票公益金对体育产业就业效应的影响弹性为 0.15，即体育彩票公益金每变动 1%，体育产业就业效应指标同向变动 0.15%。

（5）收入效应影响。

实证模型为：

$$Y_5 = \beta_0 + \beta_1 X_1 + \beta_2 X_2 + \mu$$

对模型中的变量采取对数化后采用最小二乘法（OLS）回归，并对残差序列进行 ADF 检验，回归结果见表 3 - 17。

表 3 - 17　　　　　　　E - G 两步法实证结果

变量	解释变量系数	标准差	t - 统计值	P 值	F - 统计值	Adjusted Rsquared	水平值 ADF 检验的 P - value
C	-6.48	1.080777	-6.00068	0.0005	128.0648 (0.000003)	0.96	0.0084
LNX_1	0.64	0.275642	2.338311	0.0520			
LNX_2	0.55	0.069270	7.977719	0.0001			

从表 3 - 17 的实证结果看出，LNY_5 和 LNX_1、LNX_2 之间存在着长期均衡的协整关系，回归的调整可决系数为 0.96，表明 LNY_5 变化程度的 96% 可由 LNX_1、LNX_2 来解释，并且回归结果通过整体显著性检验（F 检验）和变量显著性检验（t 检验）。同时结果还表明一般公共体育财政支出对体育产业收入效应的影响弹性为 0.64，即一般公共体育财政支出每变动 1%，体育产业收入效应指标同向变动 0.64%；体育彩票公益金对体育产业收入效应的影响弹性为 0.55，即体育彩票公益金每变动 1%，体育产业收入效应指标同向变动 0.55%。

整体来看，财政政策支持体育产业发展的效应指标都极为显著。从经济效应来看，随着政府资金的不断流入，为体育产业的发展注入了活力，体育产业规模逐年扩大，对 GDP 的贡献也自然会不断提高。从协同效应来看，体育产业在我国产业分类中属于第三产业，其发展对于其他产业有较强的协同作用，比如大型体育赛事的举办会带动地方旅游业、服务业、交通业、餐饮业等其他产业的发展，因此体育产业规模扩大无疑是扩大了第三产业在国民经济结构中的比重，协同发展的作用就显现出来了，并且还有助于优化产业结构。从就业效应和收入效应来看，体育产业的发展必然会增加对于体育专业人员的需求，从而扩大体育产业就业人数，同时随着体育产业的高质量发展，对于体育从业人员的专业技术和素养都将会有一定的要求，其收入也会逐步提高。

从以上的分析可以看出，一般公共体育财政支出和体育彩票公益金与我国体育产业发展的效应指标之间存在着显著的正向相关关系，虽然就业效应指标和收入效应指标的数据与体育产业不是完全对口，但是能够反映出整体的变动趋势，这也就说明了政府公共体育财政支出和体育彩票公益金促进了我国的经济增长、优化了产业结构、增加了就业人数和收入水平。同时进一步证明了一般公共体育财政支出和体育彩票公益金作为促进体育产业发展重要的财政支持政策工具的基础性地位是毋庸置疑的，并且体育彩票公益金相较于一般公共体育财政支出对体育产业发展的影响效应更为显著，这也为促进体育产业的发展提供新的动力，要加强对体育彩票的发行和管理，提高体育彩票公益金的收入及其使用效率，更好地助力体育产业的发展。

小　结

本章主要讲述了我国促进体育产业发展的财政政策，包含四节。第一节梳理我国促进体育产业发展的财政政策的历史沿革，主要从新中国成立初期财政状况与体育发展角度、计划经济初期的财政与体育、计划经济后期财政包干体制下体育发展方式、社会主义市场经济时期的体育制度改革等阶段回顾体育与财政的历史沿革。第二节论述我国促进体育产业发展的财政政策现状，主要从三种政策一项措施的角度论述。包含促进我国体育产业发展的支出型财政政策、收入型财政政策、其他财政政策这三种财政和促进我国体育产业发展的相关配套措施，如提高公众对体育服务产业的参与积极性、加强科学的健身指导，加大宣传工作力度等。第三节论述我国促进体育产业发展的财政政策存在的问题，主要是从我国体育产业发展、体育公共事业财政支出、体育税收激励政策、体育赞助税收政策、体育财政管理存在的问题五个方面具体论述。第四节主要通过对财政政策促进我国体育产业发展进行实证分析，选择我国财政政策支持体育产业发展的效应指标，基于经济学和财政学的角度，结合理论与实践的需要，选取经济效应、规模效应、协同效应、就业效应及收入效应作为衡量我国体育产业发展的效应指标。在此类指标的基础上，从体育财政支出和体育财政收入两个角度来分别来论证政府财政政策是如何影响体育产业发展的，进而得出相应结论。

第四章

促进体育产业发展的财政政策效应分析

在国家对经济运行进行宏观调控所采取的各种政策组合中，财政政策是一个重要的调节手段，始终处于非常重要的位置。因此，财政部门理应在提高我国居民整体身体素质以及促进体育产业化发展的过程中承担着责无旁贷、不可推卸的责任。积极地发挥政府的财政政策，充分地运用财政政策的杠杆效应，对于解决我国当前存在的体育产业发展不均衡、地域发展差距较大、管理体制不健全的问题有较大优势。从整体上来看，财政政策对于促进体育产业发展具有十分重要的意义。从两个方面可以得出以上结论：第一方面是对相对落后地区的体育产业的发展起到促进作用；第二方面是能够抑制滥用当前存在的某些财政政策。本章将从马克思辩证唯物主义的角度进行分析，主要的分析方式为效应分析，并以此为基础，对支出性财政政策、收入性财政政策及其他财政政策分别进行阐述，来论证促进体育产业的发展的作用；并同时着眼于重点——政府投资政策与税收政策的效应，并对它进行重点分析。另外，浅显地对支出性和收入性这两大政策体系以及其他财政政策进行介绍并简单分析。

第一节 支出性财政政策效应分析

一、财政投资效应分析

当前，全球化、信息化方兴未艾，为顺应时代潮流，如何更好地推动社会经济的发展，如何更好地满足人们日益增长的物质文化需求是政府需要解决的课题。政府投资建设一些资金需求大、影响广、关系国计民生的项目，称之为政府投资建设项目，它是一个系统工程。在不同的国家或地区，它有不同的称谓：美国通常称之为"政府工程"；中国香港、日本则称之为"公共工程"，以体现这个项目的公益性——一项致力于社会建设的公共服务。

而财政投资在体育产业的运用主要指政府对于公共体育场馆及设施的建设，在政府投资公共体育场馆及设施的建设项目中，其业主为政府投资人。投资是一项为了获取一定收益的活动，投资收益是投资活动的最终目标，政府投资人相当于项目发起人，承担着项目业主的职责，其投资效应主要体现在经济效应、社会效应及环境效应三个方面。公共体育场馆项目的建设一方面为社会群众提供了健身场地，优化群众的健身条件，通过健身可以提高群众的身体素质、改善当地的市容；另一方面可以促进当地就业，带动经济发展，形成体育产业链，助力脱贫。

（一）经济效应

政府对于大型公共体育设施的投资建设，对于地方经济的发展都有着重大的推动作用。就拿奥运会而言，它会形成一个促进地方发展的良性循环：奥运经济所带来的巨额投资通过"乘数效应"将极大地影响举办城市的众多产业，大量的投资促进产业和经济发展的同时又通过提高收入而刺激了消费，扩大了的消费需求也将再次导致企业增加规模。这就是政府对于大型公共体育设施的投资建设所产生的良性循环，实现了双赢。

经济效应是大型公共体育设施建成前与建成后具有的经济效果或经济价值。大型公共体育设施给城市带来的经济影响有两方面的内容：一是给城市带来的直接经济效益，如建设和运营所带来的消费；二是给城市带来的深远的、宏观的经济影响，如创造就业机会和消费需求等，这些都会帮助城市实现产业结构调整升级，推动城市经济规模和经济水平的提升，这是最主要的经济影响。

1. 刺激投资

兴建体育设施能否成为国民经济综合效益考察的重要指标，关键在于兴建的体育设施是否合理地引导了体育产业领域的投资，以2008 年北京奥运会为例：北京市的固定资产显著增加，并有力地拉动 GDP 增长 1.5 ~ 2.5 个百分点，且北京近 10 年的 GDP 年平均增长率高达 10%。①

2. 刺激消费

我国正在对拉动经济增长的"三驾马车"进行调整，消费的拉动作用越来越明显。"乘数效应"的存在使体育产业推动经济增长成为可能，如某地体育健身培训市场开始发展，从而吸引体育人才的流入，促进体育人才市场的形成。体育产业拉动经济增长的作用增强，将有助于体育产业链的形成，而体育设施作为体育产业发展的外在物质载体，体育设施项目的兴建也成为必然。新建项目所带来的各种需求将推动体育本体消费市场实现跨越式发展，将导致体育用品市场的整体提升，这也就是"乘数效应"体现的具体过程。

3. 联动产业经济

在当代，各个产业部门之间是一种连锁的状态。合理运用这一效益最终会使国民经济收入成倍增长。而所谓的乘数效应，它既是国家进行宏观经济调控的一种手段，又是一种重要宏观的经济效应。体育设施业的经济联动效应体现在：一方面是直接促进作用，即能够直接促进城市体育产业发展；另一方面是联动效应，即体育设施的兴建带动其他一系列相关产业的发展。因此，体育设施业对推动国民经济发展有很强的关联带动作用。由于体育设施业是综合性产业，具有经济文化等特征，与其他众多行业关系密切。因此，体育设施业发展的效

---

① 国家统计局：http://www.stats.gov.cn/。

应要高于一般乘数效应。

4. 就业效益

就业一直以来都是我国的民生问题，宏观经济政策的主要目标也是增加就业。在有效需求不足、失业率上升时，增加政府的公共性投资是缓解就业矛盾的一种绝佳手段。根据产业经济学理论，就业比重和产值比重这两个指标决定了一个产业在国民经济中的地位。一个有效的，考量其对国民经济的综合效益的指标是看它是否能提供大量的就业岗位。我们可以从直接就业效益和间接就业效益两个角度分析：首先，大型公共体育设施项目的运营和建设必然会吸纳劳动力；其次，大型公共体育设施项目的建设为相关产业提供了大量就业岗位。

5. 产业结构效应

作为体育产业发展的基石，大型公共体育设施建设显得尤为重要。它是体育产业发展的物质载体。体育产业要发展，不仅需要建设好相关的体育设施，而且要积极开展相关产业的业务。体育产业是具备联动产业效应的综合性产业，其结构升级所带来的影响是显著的、巨大的，它能拉动和促进其他行业的产业升级和快速发展，在国民经济总量扩张和产业结构升级中扮演着举足轻重的角色。

6. 城市再造

大型公共体育设施建设对城市的作用主要表现在两个层面：

（1）城市新区域中心形成：以大型公共体育设施的建造区域为中心，通过辐射作用向四周扩散，形成新的区域中心，实现新城的跨越式发展。以建在广州天河体育中心的新城市天河区为例，从 1984 年开建至今，天河区已经发生了翻天覆地的变化：已发展成为广州市的经济文化中心，新的城市区域已经形成，人口暴增了一倍以上。由于天河区的快速发展，广州市的中轴线甚至出现"东移"现象[1]。

---

[1]　广州市天河区人民政府网：《走进天河》，2019 年，http://www.thnet.gov.cn/thxxw/zjth/2016_zjth.shtml。

（2）城市道路框架和交通条件改善：利用大型公共体育设施的兴建，大力发展城市交通，将城市道路框架和交通系统有机结合起来，改善城市交通空间布局，缩短偏僻地区与郊区小城镇的距离，为全面推进城市交通建设与管理奠定坚实的基础，成为城市经济发展的推动力。这对于提升城市品位、辐射至周边区域、促进其经济发展有着深远的影响。

（二）社会效应

政府对公共体育设施的投资必然会对社会经济产生一定的影响，这个社会影响称为社会效应，它是从社会角度对经济活动的好与坏进行评价。政府投资项目与个人投资项目是有区别的，政府投资项目一般不以追求利益为目标，它着眼于服务社会，更加关注于当前社会所欠缺的待完善的领域，如基础设施等，政府投资的目标在于推动整个社会经济发展，关注的是能对整个社会绩效产生怎样的影响。

体育服务体系具体分为两种：公益体系和市场体系。市场体系健身场所是指公众可以用货币形式从市场体系购买休闲或健身服务。公益体系是公众休闲健身的公共服务体系；政府增加对于公共体育设施的投资建设，便是对于公共体系的大力支撑。随着政府对于公共体育设施的投资与支持，必定会增加人们参与体育的机会与需求，这是顺应人心的好事。政府对于公共体育设施的投资建设不仅能够促进体育产业的发展，而且对于相关文化及卫生健康程度都有很重要的积极影响。在增强身体素质，提升文化水平，降低疾病发病率，延长寿命，保持人的精力充沛和心情愉悦，改善劳动、休息条件等方面都体现了政府投资建设公共体育设施项目的社会效应。

具体而言，政府对于体育公共基础设施的投资建设的社会效应是多方面的，主要体现在以下四个方面：

1. 城市公共空间

大型公共体育设施能否为国民经济创造效益？评价的标准一般是

看大型公共体育设施的兴建是否能对城市公共空间的品质有所提升，是否能很好地融入其中。它的品质是指从实用、安全、舒适等心理感受的角度能适应各种需求。因此，从三个角度——健康安全、公众福利、周边空间进行探讨，以期能够提升城市公共空间的品质。

（1）健康安全。体育设施的健康安全包括对人的直接安全和间接安全。直接安全是指体育设施对人身心无害，间接安全是指对城市伤害最小，从而间接有利于人类健康。将健康安全进行剖析，可细分为以下三个层面：体育设施的基本安全性；体育设施的无害性；体育设施的有益性。

面对突然发生的自然灾害和事故，及时高效地启动紧急应对机制，尽全力最大限度地保障人们的生命财产安全，这就是体育设施的基本安全；体育设施环境与周围的环境是和谐的，既能保障人的正常活动，又不对环境造成污染和负面效果，这就是体育设施的无害性；设施空间环境能促进人类身心健康发展，这就是设施的有益性。

（2）公众福利。大型公共体育设施的新建是为了保障人民的健康，提升人们的生活质量，它的存在应同时作用于城市与个人，既要营造和谐的城市氛围，又要打造健康的市民身体素质。大型公共体育设施应充分高效利用自身优势，基于设施自身条件，为群众提供优质的体育消费产品，引导市民形成科学、健康的生活方式，潜移默化地改变人们的生活方式，使体验式体育消费深入人心。

（3）周边空间。体育设施应融入周围的环境，它的存在应对周围环境有利而不是有害。因此，针对小区年轻的人群，可以开发零售商业与餐饮区等便民配套服务和富有创意的个性化办公空间等项目。体育设施大型活动的举办与小区的发展程度有着相辅相成的关系，体育活动增加小区人气的同时，成熟社区的发展也会在一定程度上促进城市的体育社区的形成。

2. 城市人口素质

大型公共体育设施对城市人口素质的积极影响主要体现在：运动

健身意识、居民体质、体育人口。

（1）运动健身意识。运动健身意识反映了居民参与体育锻炼的自觉性。兴建大型公共体育设施能为民众参与运动健身提供便捷，使大众健身常规化，从而潜移默化地渗透进百姓日常生活，慢慢形成"运动锻炼是必不可缺的"健身意识。

（2）居民体质。体质是衡量居民身体素质的关键指标，要增强体质，体育锻炼是最佳途径之一。大型公共体育设施要为民众提供体育锻炼的场地，为增强市民身体素质作出有用的贡献。

（3）体育人口。体育人口在很大程度上反映了一个城市社会群众的健康水平与意识和体育的普及程度，从侧面也象征着一个城市文明和发展程度。发展体育人口有着重要的意义，它能够推进体育事业的进步，发展城市经济，提高城市的综合竞争力，控制城市人口膨胀，提高全民健康。而建成大型公共体育设施的目标之一是提升所在区域的体育人口数量和质量。

3. 城市精神

大型公共体育设施作为健身娱乐的公共场所，应当与城市精神、社区文化和城市公众意愿高度耦合，才能更好地为社会群众服务。大型公共体育设施不仅是一栋美轮美奂的建筑，还是一种文化，更折射出一种精神。它可以美化城市建设，它的发展能增强城市综合竞争力，同时有助于塑造城市精神，将成为城市对外交流的一个窗口。

（1）情感体验。情感体验体现在多方面，存在于体育设施的各个角落。体育设施空间的开放能够使人愉悦，大型公共体育设施外在的形式影响着人们的观感和情绪，让人们在体育设施前流连忘返。

（2）城市知名度。大型体育公共设施能够影响一个区域的知名度。因此，兴建大型公共体育设施在提高区域知名度的同时，也可以提高区域的体育竞争力。举办重要赛事，将会吸引大量的目光关注本城市，也会吸引大量的人群，对举办城市的直接的强烈的亲近感会给人留下深刻的第一印象。

（3）群众体育竞争力。群众开展体育健身活动的重要基础就是大型公共体育设施的存在，体育设施的使用效率与体育活动经常化离不开居民的参与。具体的途径有与居民进行身体锻炼、参加及组织观看体育竞赛、运动训练等。这些都将为群众体育的发展提供便利，为群众体育竞争力的提升提供动力。

（4）体育产业竞争力。体育产业具备拉动消费、扩大内需、刺激经济、提高就业率等其他产业无法替代的优势，对国民经济新的增长的贡献越来越大，已成为不可忽视的新的增长点。大型公共体育设施的兴建的影响体现在两方面：一是可以推动体育产业更加充分地发展；二是提升城市体育产业竞争力。

（三）环境效应

大兴土木必然有伤环境，必然会对所在地区的环境状况、环境质量产生一定的影响，大型公共体育设施建设项目也不例外。本书将根据联合国可持续发展委员会发布的相关报告，从以下三个方面认识环境、分析环境状态，以期达到保护环境的目的。

1. 自然环境

自然环境通常包括大气、土壤、植物、动物、噪声和水质等，是环绕在人们周围的各种自然因素的总和。大型公共体育设施的建设中自然环境评价主要指的是兴建体育设施对周围环境的保护状况。

2. 人工环境

人工环境区别于自然环境，主要是指由于人为的建设活动而产生的区别于自然因素的环境因素。例如，由于建设活动造成的环境中空气、太阳辐射、PM2.5等因素的变化；建筑照明等对居民和环境的影响；建筑物造成的光污染；建设施工带来的噪声污染等。

3. 资源与环保

资源与环保也是近年来关注的热门话题。土地和空间都是不可再生资源，而大型公共体育设施的建设需要占据很多的土地和空间资源，因此，如何有效地使用土地和空间是需要认真思考和科学解决的首要问题。

二、财政投融资的效应分析

良好的投融资运行机制将助推投资主体的发展，在融资上不但使投融资成本降低，而且使投资效率快速提高，也节约了融资时间，不同经济体之间的融资效率也得到了提升，投资主体的决策地位最终也得到了巩固。与此相反，不合理的投资运行机制会带来严重的后果，给投资主体造成诸多不便，最终倒逼投资主体进行改革。

财政投融资政策在体育产业发展过程中主要包含着两方面的影响：一方面是宏观调控效应；另一方面是微观促进效应。

（一）宏观调控效应

体育产业财政投融资运作机制是以政府为主体的，有着鲜明的政策性。作为一种宏观调控的手段，在现代体育产业市场经济发挥着优化资源配置、提高资源效率的作用。主要体现在以下几个方面：

1. 调控体育产业导向

以财政投融资机制募集社会闲散资金，辅之以优惠和倾斜的条件，最终达到将各路主题资金引导进入体育产业的目的，政府以这种方式实现了对体育产业导向的调控。不仅如此，还可以优化体育产业发展的内部结构，政府通过财政投融资政策所运用的对象或地区来控制体育产业发展的方向和规模，从而达到对体育产业发展的调控以及对某些特殊地区的政策扶持。

2. 矫正"市场失灵"

整个体育产业财政投融资体系的正常运转与否，直接关系到体育产业市场，对它们进行鉴别和分析是十分必要的。体育产业金融投融资体系是指在调整资金供求和生产要素流动配置的过程中，形成的一系列规则、习惯、守法程度和约定的伦理行为规范。金融投资和融资的运行机制指的是体育产业机制，通过限制和在彼此交互的过程中调节生产要素的流动和配置，满足资金的供给和需求，从而达到高效、有序的融资目的。体育产业财政投融资体制是体育产业基金融资、投资、运营和监管的制度安排，是将各种相关要素有机结合的系统结构。

综上所述，体育产业财政投融资体系是一个相互协调的整体，它的内部各要素之间既有联系也有区别，它们是一个矛盾统一体。政府要矫正"市场失灵"，必须按照其政策意图，配置和调节社会投资，矫正"市场失灵"。

3. 熨平体育产业经济周期性的波动

在宏观体育产业表现为通货膨胀、经济过热的情况下，要发挥体育产业金融投融资机制的作用，筹集闲置资金，控制投资总量的扩大，为经济降温。在体育产业经济不景气的时候，可以投入资金，刺激需求，帮助体育产业经济走出萧条。

4. 协调财政政策与货币政策

体育产业财政投融资是国家财政政策重要组成部分，是体现政府财政政策意图的窗口。财政投融资具有信用性，它与其他信用一起组成了整个社会信用体系。因此，体育产业财政投融资的连接协调着财政政策与货币政策。

（二）微观促进效应

健全的体育产业财政投融资机制运作，除了上述的宏观调控效应外，对于体育产业发展过程中的参与主体、客体、各生产要素及相关资源都有很强的微观促进效应。

1. 生长和促进效应

信息时代科技尤为重要，体育科技的进步事关体育产业发展的未来。对于通过财政投融资的体育产业来说，完善运行机制，以其独特的功能，不但能够推动体育产业中科学技术的进步，而且也能够增加体育产业经济的科技元素，从而促进体育产业资源配置在一个更高的层次。

2. 集聚与组织效应

通过对财政投融资运行机制的运用，能够体现体育产业的集聚和组织效应，辅之运用多种融资手段，广泛地吸收社会闲散资金，并将其转化为投资，实现资源配置的基本要求。

3. 扩散和辐射效应

采取重点扶持某一产业或部门的方法，集中优势整合资金和资源，使之得到超常发展，以点带面，促进其相关产业的发展，最终推动整个体育产业的发展。而在操作的过程中，尽管其他的体育产业部门和相关产业资源的投入没有得到直接的增加，但当将资源配置于优先发展的体育产业时，通过市场需求的刺激传导，国民经济则会出现更大的增长效应。

三、财政补贴的效应分析

为了实现经济发展要求，国家通过财政的方式，对指定的事项通过专项资金进行补助。财政补贴有两种方式，即补助和凭单。我们对补助进行考察，认为补助是一种包括多种形式的政府补贴，补贴的目标是公共服务生产者，其具体形式主要有税收优惠、拨款、低息贷款、提供商业场所等。其目的是降低某一特定对象的服务价格，从而使消费者能够获得更多的服务而不需要花费更多的资金。根据角度的不同，财政补贴的内容可以划分为以下几类：（1）从政府支出安排是否明确的角度，可分为暗补与明补；（2）从补助对象的角度，可分为居民补贴和企业补贴；（3）从补贴的具体方式的角度，可分为现金补贴与实物补贴。

在体育公共服务领域，政府补贴作为激励手段的一种方式，通过激励各类体育公共服务供给，在政府部门主体间有效提供服务方面起到了重大的作用。例如在学校、社区体育健身俱乐部、青少年体育俱乐部等，政府为了达到激励他们积极向居民和社会公众提供体育公共服务的目的，通常情况下会给予一定的补贴支持，如政策性扶持、实物补贴和财政拨款资助等。至于补助的标准，一般会综合考虑该地区的各方面因素，如经济发展水平、服务项目及数量等，据此确定对于各类供给主体所给予的补助比例和数量。在补助制度中，不但向体育服务生产者支付费用，也对体育公共服务生产者进行管理。对于促进体育产业发展的财政补贴主要指政府对体育公共服务的生产者，如社区、体育社团、学校等进行经营补贴，而全体社会公众在这个过程中便扮演着服务消费者的角色。其效应主要包括三个方面：经济效应、结构调整效应、社会发展效应。

（一）经济效应

政府对于体育项目进行适当的补贴，促进体育项目成功稳健的运营，将会对经济产生极大的积极意义。体育项目的发展可以带来经济影响，具体包含两个方面，即直接经济影响和间接经济影响。直接经济影响表现在，地方大型体育设施或大型体育赛事的主办，最直接的就是给当地带来了更多的商业活动，商业活动的增加带来的就业机会必然会提高当地居民的收入，同时当地政府税收实现创收。

除此之外，体育项目所带来的间接的经济影响也不容小觑。一方面刺激该地区相关产业的发展，另一方面扩大当地的税基，有助于政府更好地发挥服务职能。间接经济影响的范围较广，一般将其分为三种类型：周边发展、补充发展和全面发展。其中，周边发展指的是将大型体育项目的开发纳入整个周边发展计划之中，使体育项目的开发嵌入区域经济发展，实现经济的跳跃式发展；补充发展是一种修补式的发展，即整体产业布局是合理的，通过大型体育项目的开发，补充一些与之配套的产业，使整个产业链更加完整；全面发展是通过积极地宣传和介绍，开放整个区域，促进该地区兴起、调整和升级，促进该地区经济的全面发展。

（二）结构调整效应

促进体育产业发展的补贴政策除了有提振经济的作用之外，还具有深化产业结构调整的功能。促进体育产业发展的财政补贴政策的结构调整效应是通过政府所确定的补贴范围及项目来实现的。一旦范围及项目确定以后，就可以改变享受补贴的体育项目、活动及产品与不享受补贴的体育项目、活动及产品在收益上的差别。在利润最大化动机的驱动下，部分体育公共服务生产者会减少生产不受补贴的体育活动及体育产品，增加享受补贴体育活动、体育产品、体育服务的生产及提供，从而改善当前的产业结构。

（三）社会发展效应

在财政补贴政策的扶持下，体育项目成功地运营，除了能振奋经济、调整结构外还有很强的社会发展效应。就拿地方而言，举办一场赛事，特别是奥运会或者世界杯，除了吸引媒体的关注、提高城市知名度外，还能吸引大量的旅游者，在促进当地经济发展的同时，也迫使该地区改善基础设施、完善产业结构。而这些基础设施和产业并不是一次性的，它所带来的影响是深远的。

区域形象在现代经济发展中的作用是巨大的，改善地区形象的有效方法之一是大型体育设施的建设和体育赛事的举办。地区形象是人们对某一地区最直观的第一印象，一旦形成将难以改变，现代地区形象还包括某个地区的声誉和特点。好的地区形象对招商引资和吸引游客有巨大的作用，因此许多地区为改善其不利名声和消除其负面形象都积极采取有效的措施。

四、体育公共服务均等化政策的效应分析

公共财政的基本目标之一是公共服务均等化。我们构建和谐社会需要解决的问题主要表现为经济发展水平不一，特别是在东西部、城乡之间，这是因为体育公共服务的供给来源主要是当地政府，不同地区供给能力相差很大。党和国家提出要构建社会主义和谐社会，体育发展的和谐理所当然包含其中，为此还提出了建设体育强国战略。但是体育公共服务存在着投入产出矛盾，即巨大投入收效缓慢，直接制约着我国体育产业的发展。为解决体育发展资金不足问题，众多研究者寄希望于转移支付制度和财政体制的改革。这也不失为一种解决途径，但由于改革相关政策滞后性的客观存在，也就注定了这些改革是很难有大的收效的，而且在一定的时间内也无法完成。目前存在的"雪炭工程""农民体育健身工程"等，在一定程度上给予体育公共服务发展一定的利益补偿，但想以此来解决体育公共服务发展的不均衡问题，是不现实的，这无异于杯水车薪，所以当前只能继续发展我国市场经济，做大做强"蛋糕"，才能逐步改变当前体育公共服务产业在城乡发展不均、阶层贫富不均的现实问题。

我国目前正处在社会发展大变革时期，体育公共服务均等化的推行，是缩小城乡差距、贫富差距以及地区之间不均衡发展的重要途径，对于把我国构建成为和谐发展的社会有着极为重要的社会意义和现实意义。随着社会和经济的不断发展，努力推进我国体育公共服务均等化具有重大的积极效应。主要体现在以下几个方面：

（一）社会效应

首先，国家推动基本公共体育服务均等化的目的在于满足人们的基本体育需要，保障人们的基本体育权利。体育教育贯穿于整个教育过程之中：义务教育阶段促进学生体质发展和体育技能的学习；高等教育阶段培育体育精神。体育活动丰富着社会生活，保障着全民健康：社区的大众体育开展体育健身、休闲、娱乐活动；国家的竞技体育开展竞技比赛活动。基本公共体育服务均等化使每个社会成员都能够享有基本的公共体育服务，这也是科学发展观的具体落实。

其次，实现公平正义是建设社会主义和谐社会的内在要求，也是实现和谐社会的核心价值取向。体育公共服务均等化体现着公平正义，它保障的是每个公民的基本体育权利，它能够让人们在享受基本公共体育服务过程中，达到个体的身心和谐，实现人与自然、人与社会、人与人之间的和谐，而这正是社会主义和谐社会的体现。体育公共服务作为公共服务均等化的组成部分，它的相关政策、制度、措施并不是单一领域的独特个案，它所赖以实现的宏观机制对于维护社会公平、缓和社会矛盾、促进社会和谐均起着至关重要的作用。

（二）文化效应

文化对个人、社会和国家的进步都有着深远的影响。个人文化积累能够转化为自身素质和素养，社会文化和民族文化积累能够化为国家文化软实力和全社会价值取向。从全球体育产业来看，体育文化已经成为国家的一部分，深度融入整个社会，延伸到社会的各个层面，并形成了一种知识体系，它也在各国的经济、政治和文化领域发挥着重要作用。

与体育公共服务均等化相呼应，我国正在实施"全民健身运动"。这两项战略将助力我国公民提高体育思想和意识，它们是相辅相成、互相促进的。因此，增强公民体育意识，提高公民体育文化水平是十分重要的，它是促进和实现人的全面发展、维护每个人的生存发展权利的基本条件。

（三）经济效应

体育公共服务均等化实现的根本保证是国家经济发展水平的提高。作为公共服务供给的对象，其主体是各级政府，尤其是基层地方政府，基层政府普遍存在财力小，税收不足的问题，这也就限制了政府所能够提供公共服务的实际范围和水平。放眼西方国家，它们启动公共服务均等化的过程始于国家的财政分权。财政分权有向内分权和向外分权两种形式，从理论上来讲，政府内部分权需要确定政府向市场分权的模式。但由于我国深化市场经济体制改革正在进行，这也导致了我国政府内部的分权机制尚未完成；另外，相对混乱的、效率低下的财政分权，造成我国地方政府财政能力的欠缺，提供公共服务时显得力不从心。目前，政府正在进行简政放权、放管结合的改革，越来越注重政企分开，政府和市场各自的职能范围越来越清晰，服务型政府正在构建。从目前来看，一切都在向好的方向发展，要解决因政府职能的缺失和不到位造成的"越位、缺位"现象，唯有使市场经济改革能够得到有效的推行，政府和市场的合理分权才能有效实现，体育公共服务均等化问题才能从根本上得到解决。

（四）政治效应

体育公共服务均等化，究其本质，是实现社会的公平正义。如今，对于自由和平等的追求是一种普遍的社会价值观。作为纳税人，我们的基本权利之一是享受公平的公共服务，这是政府应尽的责任和义务。基本公共体育服务均等化首先要明确其中占据基础性地位的内容，然后分清轻重缓急，着眼于广大人民群众公共需要和公共权利最为相关的基本公共体育服务，优先供给，同时在供给时谋求最大化目标，让更多的社会成员能够获得均等的服务。公共体育服务的均等化使我国公共体育服务数量、质量和效率都得到了提高，增加了我国基本公共体育服务均等化的供给，促使我国体育产业从政府干预控制向服务导向转化，这种在社会具体领域的实践活动有力地深化了对公共服务型政府的认识，推动了我国服务型政府的建设。

第二节　收入性财政政策的效应分析

一、税收政策的效应分析

作为最常见调节经济活动的手段之一，在体育产业领域，税收政策通常会在一定范围内以优惠或减免的方式来管理和调节经济。以西班牙为例，对推动体育运动发展的公司可考虑免税。可见西班牙是通过减税的方式来支持体育经济的发展。我国也出台了一系列政策来保护体育产业的发展，但这些措施还远远达不到扶持一个产业的发展的程度，只能起到导向作用，只能向社会释放一个信号。对体育产业的发展应采取更多的税收优惠政策来扶持鼓励。

随着税收政策在现代社会经济中地位的凸显，税收政策被大量用于调控经济的发展。税收政策作用于体育产业的效应，我们认为主要是在两个方面，即宏观经济效应和微观经济效应，它们共同促进体育产业的发展。前者主要指对体育产业化的影响，后者主要指对体育发展过程中各微观经济主体的作用。

（一）宏观经济效应

税收政策的宏观经济效应是指在促进体育产业发展过程中所形成的体育产业化的现象。对于产业部门来说，体育产业的规模在我国目前还较小，其内部结构和级别都还有待提高，体育的经济功能仍有较大的发展空间。推动体育产业发展，需要在实践过程中进行不断调整和完善。

1. 推动体育管理体制的改革步伐，导入市场机制，积极运用税收等宏观调控手段促进体育产业税务产业化、市场化

自 20 世纪 70 年代以来，和平与发展已成为世界的主题。所有国家都在致力于经济发展，但不断增长的体育需求与体育供给之间的矛盾给政府的财务带来了巨大压力。为缓解这种压力，很多国家将体育产业作为公益事业，可以在不同程度上减少或免除税收，其优惠范围主要体现在体育部门或体育组织举行的比赛、捐赠和体育场馆的运营收入上，以及体育企业的生产成本、广告费用上，赞助体育比赛的费用可以记录在体育场馆的建设和体育馆的使用上。

我国是一个发展中国家，人口众多，体育产业基础薄弱，起点低。发展体育产业，不能只依靠国家资金。我们应该结合国外发达国家的成功经验和我国的实际情况，探索一条适合我国体育产业快速发展的道路。通过引入市场机制，用市场这只"看不见的手"优化体育市场资源配置，可以改变长期以来体育行政垄断和国家赞助体育的做法，进而促进体育产业化和市场化。

2. 采取各种税收优惠政策，吸引社会资本对体育产业的投资，刺激民间体育消费

（1）积极推动群众性体育活动开展。民间资本也应被鼓励积极进入各类非营利性体育组织，给予相应的税收支持。

（2）积极将社会资本引入投资体育产业。借鉴国外做法，在税收优惠方面，对于投资体育建设的企业可在税收上给予优惠；对于提供赞助的企业，其赞助费用应当计入企业生产成本或者作为广告费用税前扣除。

（3）积极推动民间体育消费的发展。同时发展健身娱乐业和体育旅游，同时适当倾斜相关的税收政策。考虑到当前的经济环境，我们可以推迟对健身、娱乐等高消费行为征收消费税。

3. 利用税收政策为国内体育企业参与国际竞争扫除障碍，加大出口退税力度

（1）制定规范统一的税收制度。加入世界贸易组织，我国的产业面临着更加严峻的考验，特别是对本来就发展较晚的体育产业来说。因此统一税制、公平税负，公平地进行竞争十分重要。然而，这里有一个难题，一方面我们不能阻断外资的进入，必须要有一定的优惠政策；另一方面，我们又要考虑到内外企业的竞争。针对这个难点，我们可以采取适当过渡措施予以解决。一方面我们不断改革政策弊端，营造良好的投融资环境，从而从营商环境上吸引外资；另一方面采取旧者从旧、新者从新原则，即新企业新政策、老企业老政策；同时，为保证过渡时期国内外体育企业的公平竞争，在相同的条件下，对原有内资企业给予一定的税收优惠。

（2）完善出口退税政策。根据 WTO 规则，不允许出口补贴政策，由此我国之前的一些出口激励政策将被取消，但出口退税政策与国际惯例是一致的。因此，在实行出口退税政策时，需实现税收中性原则"征收多少和多少退款"，尽可能使出口企业符合国际标准，进行公平竞争，这样我们的运动产品就可以以零税率进入国外市场，以提高我国的出口竞争力。

（二）微观经济效应

对于税收政策在体育产业发展过程中所体现的微观经济效应，主要包括社会效应、消费效应、生产效应。

1. 社会效应

从全球产业发展状况来看，体育产业是当今发展最快的产业之一。对我国来说，改革开放 40 多年以来，我国最具活力的新兴产业之一就是体育产业。体育产业之所以能够较快速地发展，原因在于其本身拥有良好的社会效益。体育产业具有广阔的市场，能够带动很多上下游产业。与此同时，体育产业的"性价比"高，它能以极其小的污染，创造出大量的产值，并且具有关联效应和正外部性，能为社会提供大量的就业机会[①]。作为极具关联效应的朝阳产业，毫无疑

---

① 樊道明、王子朴：《中外体育财政问题比较研究》，载于《北京体育大学学报》2008 年第 12 期。

问，体育产业拥有极大的发展空间。

然而，在我国发展体育产业才刚起步，呈现产业结构不合理、规模小、产业化程度不高的特点，体育市场零星单一、发育缓慢决定了体育产业在市场经济中处于较差的地位。正是因为如此，国家的大力支持对于我国体育产业的发展尤为重要。

税收政策是国家配置资源时运用的重要的经济调控政策之一，体现在体育产业的资源配置方式上，则为主导作用。在体育产业的发展进程中，国家的税收政策优惠将会对这一绿色朝阳产业产生极大的支持与激励作用，对于仅处于起步阶段和初步增长阶段的弱势的体育产业来说无疑将是雪中送炭，同时也体现了国家对体育产业税负的降低和对产业利益的庇护。国家利用税收优惠政策来优化升级体育产业结构，协调区域体育产业的发展，在降低体育产业发展成本和经营风险、促进就业、增加产业收益等方面起着重要的主导作用，同时强调以普遍和平等课征为核心的横向和纵向的税收公平。横向公平是以相同的税收标准对待经济条件一样的纳税人；纵向公平则是以差异化的征税标准对待经济条件不同的纳税人。

在当前企业所得税优惠政策中，高新技术产业、创投企业、小型微利企业、非居民企业等都有着较完善的税收优惠政策；而反观体育产业、文化产业等有巨大潜力的新兴产业却没有相应的优惠政策。不管从哪一层面来讲，体育产业都是绿色朝阳产业，是新经济增长的潜力股，应得到国家税收政策的长期激励和鼎力支持。对国家而言，只有使体育产业承担的税收负担与其发展能力相适应，才能相互作用，使体育产业保持健康的发展。

2. 消费效应

税收政策促进体育消费需从以下几点着手：

（1）提高居民可支配收入，不断深化个税改革，缩小贫富差距。应逐步提高个人可支配收入，不断深化个税改革，进一步释放居民购买力，拉动消费。聚焦收入分配差距，个税改革应旨在缩小收入差距，提高可支配收入，具体方法有以下三个方向：一是改分类所得制为综合所得制。按年度将来源于各种渠道的收入加总，扣除可抵扣项后，根据剩下的应纳税所得额再进行汇算清缴，以增强个人所得税调节收入分配的功能。二是适当提高免征额，以增加中低收入者的可支配收入。三是可考虑以家庭为单位计算所得税，力争做到相同收入家庭缴纳相同的税，体现公平原则。

（2）吸纳社会资本，刺激民间投资和消费。利用税收优惠政策吸引社会资本对公共体育领域投资，如提高体育广告宣传费用的扣除标准、对不以营利为目的的社会公益型体育团体、俱乐部的体育服务收入采取税收减免等，以此来刺激资本的进入，扩大公共体育资源供给。

（3）加大财政补贴力度。财政对产业的发展有着较大的支撑力度，财政补贴力度的加大，对于体育产业的发展是一个福音。体育是一种公益性的服务型消费，具有广阔的消费市场，如体育健身娱乐。就市场容量而言，它的消费者是广大人民群众，基本上不分年龄群体，无疑具有很大的市场容量和很强的产业扩张力。有了财政补贴的加入，则可适当降低场馆收费标准或免费开放，促进体育服务消费，扩大消费群体，从而促进体育业发展良性循环。

3. 生产效应

税收的生产效应主要体现在作为调节工具上，具有引导作用，税收一方面是为了保证国家的财政收入，以实现国家的职能；另一方面是限制或鼓励支持某些行业，以完成国家经济调控的目的。体育产业能够为经济增长提供新的动力，越来越受到大众的喜爱，在建设"健康中国"战略中处于举足轻重的地位。所以，推动体育产业走向成熟是必然的。税负过高会导致企业举步维艰，严重打击投资者对体育市场的信心，甚至会导致企业因利润下降而退出体育产业，从而对体育产业的发展产生毁灭性打击，使整个体育市场走向萧条。

二、体育彩票政策的效应分析

体育彩票业所筹集的公益资金能够极大地促进我国体育事业发展。体育彩票业的发展作为一种融资方式，将会筹集到大量的社会闲散资金，由于经费缺乏问题已经成为阻碍我国体育产业发展的最大障碍，因此通过大力发展体育彩票能够有效解决无资金发展的困境，对体育产业的发展提供了很大的资金帮助。除此之外，还可扩大内需、创收和促进就业。其效应主要体现在两个方面：一个是经济效应，另一个是社会效应。

（一）经济效应

1. 体育彩票的发行增加国家的税收

根据国家税务总局关于个人所得税的相关规定，对一次中奖金额不超过 1 万元的个人彩票，暂免征个人所得税；超过 1 万元的，征收 20% 个人所得税[1]。据国家体育总局体育彩票管理中心的统计，在 2017 年年共计销售体育彩票累计值达 21987.70 亿元，估算收到的个人所得税约 1718 亿元。假设中奖率为 50% 返奖，则相当于投放了 11000 亿元的购买力，这些资金作用在市场上，按 16% 的增值税税率来概算的话[2]，将会为国家上交了 1760 亿元税金。由此可见，随着体育彩票事业的发展，我国政府的税收将会增加。

2. 第三次分配

我们一般将市场进行的收入分配称为第一次分配；把政府主持下的收入分配，即税收和转移支付调节称为第二次分配；给予道德信念

---

[1] 国家税务总局：《财政部 国家税务总局关于个人取得体育彩票中奖所得征免个人所得税问题的通知》，http://www.chinatax.gov.cn/chinatax/n363/c1227/content.html。
[2] 财政部税务总局、海关总署：《关于深化增值税改革有关政策的公告》，2019 年，http://www.chinatax.gov.cn/chinatax/n810219/n810744/n3428471/n3428491/c4162482/content.html。

而进行的收入分配称为第三次分配，在目前我国主要是指募捐、发行体育彩票和福利彩票。体育彩票对收入再分配的作用，除政府税收外，主要体现在三个方面：一是体育彩票的销售；二是体育彩票的返奖；三是体育彩票公益金的使用。通过体育彩票的销售把社会上一些闲散的资金集中起来，一部分资金返回给中奖者，使部分人获得高收益；同时体育彩票公益金在国家统一安排下，分配到了更加需要资金的地方，如经济欠发达地区、受灾地区、西部边远地区。使用这些公益金援建体育健身设施等①。

（二）社会效应

国家发行体育彩票的目的在于筹集社会资金，缓解政府对体育事业财政资金投入的压力，它是政府解决资金不足的一种特殊手段。

彩票是为了满足社会发展到一定程度而产生的社会需求。马克思说过："没有需要，就不会有生产，而消费则是将需要再生产出来。""消费的需要同时也决定着生产"。② 彩票是刺激人们用盈余资金进行消费的一种运作方式，它的目的是筹集雄厚的社会闲散资金，弥补政府投入社会建设的资金不足问题。彩票本身并没有直接性拉动我国经济发展，但能起到间接带动作用。彩票作为第三产业的出现，从社会的某种角度来看，具有一定的社会合理性。

体育彩票对社会的效应主要表现为四个方面：

1. 连带效应

彩票是很复杂的，它的发行与管理涉及方方面面。政府发行彩票，需投入大量的费用进行宣传，从而使得广告业、印刷业、电子通信、金融业、传媒等一系列行业的发展受到了连带效应。在彩票销售期间，彩民对销售地的经济将产生直接或间接地带动作用，如对连带

① 李海：《体育博彩概论》，复旦大学出版社 2004 年版，第 73 页。
② 马克思：《资本论》，人民出版社 1970 年版，第 47 页。

行业的间接消费，对销售地的交通、餐饮、商业、公园等服务行业的直接消费等。在彩票业的带动下，其他行业如博彩也会间接地增加收入，其他的相关产品如关于投注技巧、摇奖预测，甚至概率论的书籍、报刊、电脑软件以及博彩器具都可能成为热销品。因此，它对相关产业的拉动、对经济的增长等方面起到了良好的刺激效应。

2. 就业效应

体育彩票带动相关产业发展的同时，表现出来的连带效应也十分明显，随着市场的扩大与业务量的增加，各行业需要人为进行操作的工作岗位就会随着需求不断增加，因此，随着体育彩票市场不断地扩大与发展，间接性地提供社会岗位就会越多，而体育彩票本身也为社会直接提供了大量的工作岗位，缓解了就业压力。总之，随着体育彩票发行量的不断扩大，这种连带效应的影响力还会不断地上升。

3. 公益性

体育彩票是接受国家财政部门监管的国家公益彩票，以支持体育等社会公益事业的发展为其最终目的。因此，公益性是体育彩票发行题中应有之义。

4. 娱乐性

体育彩票有着很多类型，无论是哪种类型的彩票，本质上它们都是一种博彩，是一种游戏。因此，从某种意义上来看，体育彩票是具有娱乐性的商品。

三、体育收费政策的效应分析

国家财政收入来源主要有税收、利息、债务收入、费用收入。收取费用的主体是国家，客体是诸多部门和单位，这些部门和单位执行各项工作，收取费用主要是为了部门的权力和利益，所以它相对于税收而言，只是补充手段。

促进体育产业发展的收费政策效应就是实行该政策措施能够在多

大程度上实现政策目标。促进体育产业发展的收费政策的有效实施，将会产生一系列政策效应，具体表现在以下两个方面：

（一）社会效应

社会效应指的是促进体育产业发展的收费政策是实现社会公共利益的重要手段。公共体育设施具有公共物品的属性，实行促进体育产业发展的收费政策在兼顾居民承受能力的同时，保护体育提供方的合法权益。目前，体育场馆用水、电、天然气等能源使用费用，国家给予收费方面的政策支持。具体表现在，基于体育场馆开放的程度，政府在用水、用气、用电、用热等方面采取不同的收费标准，明确规定其价格不得高于一般工业标准，并且根据不同地区的实际情况，当地政府有权酌情减免，给予政策优惠支持。

合理有效的收费政策不仅有利于激发人们对于运动的热情，增加运动的普及度，还能吸引市场中的企业或个人积极参与，提高体育公共服务水平和质量。伴随着税收政策的支持和激励，体育产业不断发展是必然的，从而也会改善居民的生活质量，实现社会的公共利益。

（二）资源配置效应

资源配置效应指的是促进体育产业发展的收费政策具有杠杆作用，可以将公共体育服务及设施中的具体项目通过收费政策进行配置调控。体育产业中的公共体育服务及设施涉及的种类多、范围广。政府通过收费政策来调控具体的体育项目，对于一些难度较大、普及度较低、耗资较多的体育项目可以调节其中的收费标准来控制该项目的供给与需求，对于一些普及度较高、耗资较小、群众参与度高的项目可以降低收费甚至免费，以此来激励人们的参与热情。

通过收费政策在不同体育项目及服务中的运用，可以引发体育产业中的项目倾斜，个人和企业也会随着收费政策在各类体育项目及服务中的不同，而去选择提供具有利润倾斜的项目，群众也会由于收费政策的影响而去选择适合自己的体育项目或服务，对于体育产业内的发展结构调整政府进行了宏观调控，达到了一种资源配置的效应。

第三节　其他政策效应分析

一、体育产业投资基金效应分析

从宏观上看，将体育产业投资基金作为体育金融的创新工具，既能有效分散和规避投资风险，又能实现投资的"高回报"。体育产业投资基金在运作模式和组织结构上具有创新性。先进的组织机构和科学的运作方式，使投资基金熠熠生辉，为推动体育产业的发展发挥了重要作用。

（一）拓展了融资渠道，优化融资结构

在市场机制不断完善的背景下，政府这只"看得见的手"开始慢慢放宽对市场的干预，逐步退出，开始适时调整经济结构。而政府投入对我国体育事业的发展具有重要的作用，因此体育资金缺口较大是由于政府财力投入不够造成的。自1978年改革开放以后，社会主义市场经济逐步建立，市场机制发挥作用，融资渠道有所增加，如体育彩票和体育股票等，但是这些资金对于整个体育产业的发展来说还是杯水车薪。对于体育产业来说通过设立投资基金，使投资者可以通过购买投资基金来获得相对安全的收益，也让闲散的社会资金聚集起来，共同推动体育产业发展。

（二）体育产业投资基金是吸引外资的有效途径

我国对国际政治经济形势变化非常敏感，特别在进出口贸易方面尤

为显著。受 2008 年全球金融危机的影响，世界经济不景气，外商对我国的直接投资也有所下降。在整个国民经济相对较差的时期，资金不足的问题更是阻碍了我国体育产业的发展。对于体育产业投资基金来说，作为一种创新型的投资制度有利于吸引外资，打破我国体育产业发展瓶颈，并在一定的比例内允许外资介入，不失为吸引外资的好途径。

（三）促进政府职能转变，改善国家的宏观调控

计划经济体制下，市场的作用完全被搁置，国家"大包大揽"体育事务，导致政府办事效率不高，往往需要投入本可不必投入的人力、物力去处理一些琐碎的体育事务，使资源被严重浪费，体育资源配置严重不合理。进入社会主义市场经济体制，我国开始致力于体育体制改革，积极倡导政府职能从干预体育产业运行转变到优化宏观体育调控上来。

发展体育产业投资基金，大大提高了政府体育宏观调控的可操作性，因为它提供了一个体育产业宏观和微观的运行操作模式。积极稳妥地推进体育产业投资基金，充分发挥市场在优化资源配置方面的决定性作用，开拓融资渠道，克服政府干预的不足，助推国家体育产业政策的调整，更好地促进体育产业发展。此外，体育产业投资基金的投入还可以对体育企业或体育项目的资产进行重构，通过参与企业或项目的管理与指导，优化提高体育企业或体育项目的资产运营水平。

（四）改进体育国有资产管理体制，促进体育国有资产存量调整

当前，我国体育国有资产管理体制存在产权主体虚置、资源配置不合理两大问题。产权主体虚置会导致权责不明晰，国有资产的保值增值将处于无人负责任的状态，这对国有资产的保值增值相当不利；资源配置不合理指的是体育国有资产受到的限制太多，资源难以流动，无法形成最优的资源配置方式，使资源存在浪费。2015 年 11 月 4 日，国务院印发了《关于改革和完善国有资产管理体制的若干意

见》，对国有资产提出改革和完善两大任务，改革的重点是国有资本授权经营体制，进一步明确国有资产所有权与企业经营权的职责边界，确保国有资产所有权有效行使，保障企业享有独立的法人财产权，真正确立企业市场主体地位；完善的重点是准确把握国有资产监管机构的职责定位，明确国有资产监管重点，推进国有资产监管机构职能转变，改进国有资产监管方式和手段。[①] 党的十九大提出，要完善各类国有资产管理体制，改革国有资本授权经营体制，加快国有经济布局优化、结构调整、战略性重组，促进国有资产保值增值，推动国有资本做强做优做大，有效防止国有资产流失[②]。这些都为促进体育国有资产存量调整，改进体育国有资产管理体制提供了理论基础。但在实际操作中，还存在着企业之间的兼并收购仍留存在事实上的"以行政关系为纽带"的现象，这是由于大多数中介机构实力不足，并且也没有真正按市场原则操作。通过体育产业投资基金间接经营体育国有资产，由体育国有资产经营机构以资产存量折股的形式或体育资产增量购买国家体育总局一定股份，其余股份由体育法人机构和自然人认购则可以较好地克服以上思路的不足。体育产业投资基金的投资主体多元化，除国家体育总局外，还涉及体育法人和自然人，因而它也受到更多层面的监督。经营主体为体育资产的投资基金，不仅可以发挥资金规模优势，还可以通过体育企业兼并和收购，盘活体育国有资产存量，达到促进经济结构调整的目的。

（五）促进金融体制改革体育产业投资基金的发展

资金需求双方直接接触完成的金融交易叫作直接融资，而通过第三方中介机构来完成的资金融通过程叫作间接融资。在我国，间接金

---

① 国务院：《关于改革和完善国有资产管理体制的若干意见》，2015 年，http：//www.gov.cn/zhengce/content/2015 - 11/04/content_10266.htm。
② 习近平：《决胜全面建成小康社会　夺取新时代中国特色社会主义伟大胜利——在中国共产党第十九次全国代表大会上的报告》，2017 年。

融中起金融中介角色的大多是国有银行，因为国有银行能够自主选择贷款企业，可以对企业形成强债权约束；同时，国有企业具有更高的信用，资金提供者更愿意将资金交给国有银行。因此，继续深化体育产业和国有银行商业化改革是发挥好我国体育产业和金融体系资源配置功能的一个重要途径。另外，必须积极稳妥地发展直接金融，不断拓宽融资渠道。而这两个方面都离不开投资基金的推动。

体育产业投资基金具有产权明确的特点，因此，发展体育产业投资基金，作为金融工具创新的一种手段，在现行体育制度之外它不但能够培育出新的经济增长点，而且还能实现体育产业筹资渠道的多元化发展，进而将有效地促进体育市场竞争，推动体育资本市场和金融市场的改革。

（六）促进投资体制改革和现代企业制度建设

由于体育产业投资基金首先是以全行业的发展为着眼点，选择具有发展潜力的体育企业和项目进行长期战略投资，接着基金经理从提高盈利水平和整体资产的运营水平的角度，采取参与管理、信息指导等方式对企业或项目资产进行结构调整。通过体育产业投资基金这个中间纽带，将"有形的手"和"无形的手"连接起来，能够大大提高政府与市场之间的协作能力。一方面政府能够较准确地感应到体育市场的信息；另一方面体育市场也在政府的支持和调控下，能够更好地发挥作用。投资基金使传统上由少数大投资者垄断的资本市场得到一定程度的控制，而广大中小投资者的"自由个性"也得到某种意义上的发挥，它使大投资者和中小投资者得到了均衡的发展，可以说是资本王国里的"操纵杆"。从市场经济特点的角度看，它使自由竞争市场由"盲目性"向着"有序性"发展。就我国而言，投资体制改革和现代企业制度建设是经济体制改革中最难啃的硬骨头，而这两个方面又必然涉及体育产权改革这个根本，而体育产业投资基金的发展，能够在很大程度上推动体育产权制度的改革。

（七）体育产业投资基金有利于降低体育产业企业负债水平

市场经济发达的国家，股份制企业中上市公司的占比较小，要增加资本金投入，不能单纯地依赖企业上市这一途径。在我国众多的上市公司中，体育概念股只有区区几家，而资金需求量却大，这是亟待解决的一个问题。而体育产业投资基金的设立，为非上市体育企业进行股权融资提供了新的思路。

（八）体育产业投资基金可以促进体育高科技企业的发展与体育经济增长方式的转变

发展体育科学技术是促进体育经济增长转变的必由之路，然而，大部分的企业因其风险性，进行科技创新的动力不足。而体育产业投资基金所具有的"共担风险，共享利益"的利益分配机制，能够有效适应科技体育企业融资的需求。因此，从这个角度来看，体育产业投资基金成为促进体育经济增长方式转变的"助推器"。

（九）促进体育事业的发展

从宏观角度看，设立体育产业投资基金有利于发展体育事业，增加投资效益，优化经济结构。从微观角度看，体育产业投资基金因其集中投资、风险分散、管理专业的特点，可以在风险最低的情况下收获最大的收益。在理论上，有利于充实和完善体育经济学的理论体系，构筑体育金融学、体育投资学理论。在实践上，能够有利于新时期体育产业的发展，也为探索社会主义市场经济条件下的体育事业筹资、投资、消费和体育市场培育提供了方法。

二、体育产业与科技融合的财政政策效应分析

中国经济进入新常态，发展方式已由要素驱动转变为只有依靠科

技创新才能促进经济增长。近年"两会"上，国家领导人高度重视创新型国家建设。在李克强总理所做的政府工作报告中，"实施创新驱动发展战略""以体制创新推动科技创新"是其中的关键亮点，我们可以看到"创新"多次出现，明确体现出了国家对创新的重视。体育产业作为朝阳产业，迎合时代发展要求，将科技渗透进体育之中，让科技和体育相互融合是大势所趋，对于促进体育产业发展具有十分重要的意义。体育产业应当抓住机遇，依托于科技创新的推动力实现跨越式发展，将体育产业与科技相融合。在此背景下，各级政府应该积极发挥财政政策，支持体育产业与科技融合，利用财政政策的杠杆作用和导向作用，充分利用现有的以及潜在的资源，逐步形成合力，以促进体育产业不断蓬勃发展。

体育产业和科技的融合，是指通过市场信息将体育需求反馈到体育企业中去，更高质量的产品和品种创新被提出，运用科技对产品进行设计。在此基础上，不断涌现的新技术，可能会导致一些运用旧技术的产品消亡。而涌现的新技术能够使现有的体育产品生产效率提高、成本能够降低、产品质量也将会更高，新的体育产品也有可能被创造，体育产业内原有的分工体系就可能被打破，从而引起体育产业结构变化，并进一步刺激体育产业发展（见图4-1）。

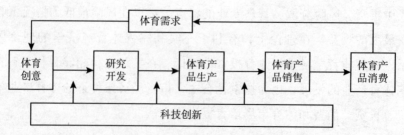

图4-1 体育产业和科技融合

小　结

本章主要阐述了促进体育产业发展的财政政策效应分析，包含三节的内容：第一节论述支出型财政政策效应分析，从财政投资的效应分析、财政投融资的效应分析、财政补贴的效应分析三个方面来分析。第二节论述收入型财政政策效应分析，从税收政策效应分析、体育彩票政策效应分析、体育收费政策效应分析三个角度具体论述。第三节论述其他政策效应，包含体育产业投资基金效应分析、体育产业与科技融合的财政政策效应分析。

第五章
国外促进体育产业发展的财政政策的经验与借鉴

■第一节　日本促进体育产业发展的财政政策的经验

一、支出性财政政策

(一) 日本体育公共服务均等化政策

20 世纪 60 年代至今,日本政府先后出台了《体育振兴法》《体育振兴基本计划》等一系列重要的体育相关法律,主要突出了以下几个方面:一是通过完善各项体育政策,以完善终身体育的目标;二是针对竞技水平不断提出相应的对策;三是通过贯彻落实终身体育,促进校园体育与竞技体育相辅相成。

日本的社会体育发展主要利用的是学校体育设施,这是因为日本各个层次的学校都建有体育设施,并且都对外开放。综合型区域体育俱乐部具备功能齐全、服务俱到的特点,主要有:(1) 有高素质的体育指导员,实现体育指导个性化、专业化;(2) 层次齐全,区域内任何人都可根据自己的兴趣、年龄、技术、技能水平,选择不同层次的运动项目,并且任何时间段都能进行体育活动;(3) 俱乐部备有多种多样的运动项目,满足人们不同的运动需求;(4) 区域居民能够自主组织运营。泛区域体育中心通过以下几个方面来体现：（1）举办泛区域市町村规模的体育交流大会；（2）支援综合型区域体育俱乐部的创立和培育；（3）完善和更新泛区域市町村范围的体育信息；（4）支援综合型区域体育俱乐部的管理人员和指导人员的培养；（5）从运动医学和体育科学方面支援区域体育活动。

同时，通过学习其他国家，将各个部门的政策规划融入国家发展战略政策之中，从而使体育发展战略上升到国家战略层面。注意采取多种策略，需要时监督体育活动开展状况，及时反馈调整。

（二）体育活动补贴制度

在日本，很多的财团都投入体育事业之中，它们在实施体育补贴制度方面都有着各自独特的理念和目标，而且它们还是促进日本体育事业快速发展的重要动力。能够获得补贴的团体和项目的具体做法通常是，首先需要提交申请书，各类款项的具体用途也需要在申请书中具体说明，其次需要根据当地的实际情况写出申请项目。这种补贴一般是每年发放一批，而且每项补贴的数额一般也有限制。

补贴金不仅不需要担保和偿还利息，也不需要偿还本金，这也是补贴金与银行贷款截然不同的方面。因此，大众也会产生这样的一种误解，许多申请者都把补贴金当作活动的启动经费。在日本补贴体系中，其具体的补贴对象有很多种，如对个人或团体所进行的研究及活动提供资金支持。

在日本体育彩票补贴与体育赞助领域，自2002年开始推行的"TOTO体育振兴彩票"，有力地弥补了由于财政资金不足而导致的体育发展动力不足的问题，为2000年《体育振兴基本计划》的落实起到了很大的作用。体育彩票的资金不仅能够用来建设体育设施、培养运动员，还能够用来补贴体育俱乐部。以往数据显示，体育彩票给予的补贴数目远远大于其他的各类资金赞助。近30年来，随着彩票补贴制度的实行，解决了以往社会各界赞助金额不足40亿元的困境，促进了体育产业有效发展。

二、收入性财政政策

（一）日本体育经济活动税收政策

"高尔夫球场使用税"是日本政府对高尔夫球这项运动专门设置的一种税，这种税的使用者都通常是都道府县税，而高尔夫球场使用者是其主要纳税人群，以使用次数为计税依据，以每人每天 800 日元为计税税率，以 1.5 倍于标准税率为其限制税率，每人每天最高为1200 日元。高尔夫管理者代收代缴高尔夫球馆税。高尔夫球馆使用税也即是其名称，即高尔夫球馆使用税，其前身是"娱乐设施使用税"，其课税对象也仅仅是高尔夫球场使用者。

在日本有三类体育组织，由大企业、大财团、私人业主等自发筹建的体育组织、体育中心等就是其中的第三类社区体育组织，也是一种民间性质的组织。在最开始建立的时候，这类组织都需要在教委和体协登记，同时各种合法合理的手续也需要逐一到位，最后才能获得相应的资格，但一般的体育设施这类组织都齐全，同时也需要盈亏自负，所以在具体工作实施时能够把握更多的能动性和主动性，在此基础上需要遵守相关的法律法规。对于体育设施的推动和发展，民间团体也是重要的推动力之一，日本政府也为此制定了相当多的优惠政策，这也是为什么日本政府非常鼓励民间办体育，许多鼓励性的优惠政策被制定，诸如一定时间内免费开放给公众的体育设施并且符合相关标准，这样税收可以得到一定的减免；企业在修建体育设施时可以减免土地税；对体育设施的建设经费给予低利贷款；等等。

（二）日本体育非营利组织的税收优惠制度

在日本有 NGO 和 NPO 这两类非营利机构。作为民间公益组织，

NGO 是指专门开展国外公益救助的组织活动机构，而 NPO 是指开展各类公益活动的国内以社区为基础的组织机构，这种自主运营的社会组织①是由市民自发成立的。NPO 由法人组织和非法人组织两大类组成，法人 NPO 由正式的注册登记而成；反之则为非法人组织。自 2006 年起，一般将现行法人 NPO 分为公益法人、一般法人、特定非营利活动法人、特定公益促进法人。由此产生的不同的税收优惠待遇由不同的人所享有，如法人组织的税制主要有居民税、法人税、消费税。

1. 体育非营利组织自身适用的税收优惠制度

公益法人在日本一定范围内也为非课税对象，法人税是对其收益事业所产生的 80% 的收入以 22% 的比例课税，另外 20% 的收入也根据规定按照捐赠制度，对于公益事业转出不予课税。非课税对象也包括特定非营利法人。而原则上会对一般法人 NPO 课税。此外，公益法人也可免交利息分红税。

2. 向体育非营利组织捐赠适用的税收优惠制度

在日本，非营利组织捐赠通常包括公益捐赠和一般捐赠两种。在享受税收优惠政策时，不同的税收优惠制度也会由于捐赠对象的不同而不同。下列四类组织的捐赠为纳税人的公益捐赠：大藏大臣指定的捐款组织、国家或地方政府机构、认定的特定非营利法人、特定公益促进法人。除此四类捐赠外，其他的则为一般捐赠。特定公益促进法人的捐赠可享受税前扣除优惠。

3. 日本体育非营利组织税收优惠管理

在日本有 180 多部法律涉及非营利组织资格，相应的公益法人可以享受的税收优惠制度。2016 年三部新法规定了自由裁决权的适用范围，在一定程度上对体育非营利组织的税收优惠进行了限制，也相应增加了审批决策过程的开放程度。7 位民间公益法人组成的委员会能够独立自主地行使相应的职权，内阁总理大臣能够接受一定的专家

---

① 王名、李勇等：《日本非营利组织》，北京大学出版社 2007 年版，第 72 页。

委员会的劝告，还可以采取法人内部调查等手段。

第二节 美国促进体育产业发展的财政政策的经验

一、支出性财政政策

（一）美国体育公共服务均等化政策

1979 年，美国推出"健康公民"计划，"健康公民 2000 年"计划规定"每个地区社区每 10000 人要建 1 英里的单车健身路径，每 25000 人要建一个公共游泳池，每 1000 人要建 4 英亩开放式休闲公园"，这些指标在 1996 年都已经实现①。

在最新一期的"健康公民 2020 年"计划中，体育活动分项目下有 15 个子项目，包括增加达到国家锻炼要求成年人比例、增加每天安排体育锻炼公立和私立学校的比例、增加遵守屏幕限制时间的青少年比例等②。

（二）美国大型公共体育设施典范项目

自 1922 年建立并运营的美国玫瑰碗体育场，承办了较多的高质量的体育赛事。该地有着非常便捷的交通，和众多方便的出行方式，正因为如此，为人们提供体育公共服务，也是玫瑰碗体育场的经营目标之一，其总经理达瑞尔·邓恩（Darryl Dunn）先生在给民众的信

---

① 何文璐、张文亮：《"健康公民"的美国社区体育设施》，载于《环球体育市场》2009 年第 4 期。
② 侯海波等：《体育发达国家大众体育治理中政府的位置和作用》，引自《2015 年第十届全国体育科学大会论文摘要汇编（一）》。

中表述了提供福利给民众的思想，玫瑰碗体育场在该区域的重建工作中起到了积极的推动作用①。

二、收入性财政政策

（一）美国体育经济活动税收政策

作为世界上最发达的国家，美国的联邦政府和各州都根据具体情况制定了差异化的税种和税率。与体育经济活动相关的税种有所得税、关税、野外体育器械税等，在美国体育赛事中不但要缴纳联邦个人所得税，同时还要在比赛城市交纳地方个人所得税。

体育经济活动的中流砥柱是美国的职业体育，在很大程度上能够增加其税收收入。根据1976年之前的税法，税收对职业运动员非常有利，球队老板可以向税务部门申报损失冲减所得税，此前税法允许少缴纳所得税。球队若被出售，能够减免由资产增值部分产生的税收，相应运动员的合约收入也能够相应减税。由于这些政策的存在，球队持有者往往使用股权来逃税。尤其自1950年起，正是这些税收扶持和减免政策极大地促进了美国的职业球队联赛的繁荣。然而，随着球队的职业化运作的日渐成熟与稳定，对这种税收扶持政策的取消呼声也越来越大了。因此，美国在1979年进行了声势浩大的税收政策改革，改革使职业运动员不再有所得税方面的减免优惠政策，同时也对逃税的球队老板造成了一定的打击。

对社会公益团体来说，它们并不以赚钱为目的，开展体育经营的目的是满足自身经费需求。从1950年起，美国就批准了非营利组织国家奥委会的章程，并对其免除税收。

---

① Welcome to the Rose Bowl Stadium［EB/OL］. http：/www. rosebowlstadium. com.

（二）美国对彩票业的管理

目前，相对于其他国家来说，美国的彩票运营体制是比较完善的，有 12 种体育彩票。由于美国是联邦制国家，各个州的彩票运营体制全然不同。一般来说，彩票出售由代销商进行，公司考虑多种因素对彩票销售市场的影响，体育彩票销牌照只发售给州立彩票公司。中美两国的彩票运营制度有着较大的区别（见表 5 - 1）。

表 5 - 1　　　　　　　　　美国与中国彩票管理比较

国家	发行方式	监管部门	监管权力	彩票法
美国	以州为单位	各州的彩票委员会	监管权力集中与分散相结合，且监督具有独立性	有
中国	除地方彩票外，全国统一发行	国务院、财政部、民政部、体育总局	不具独立性	无

（三）美国职业体育俱乐部相关税收政策

美国的职业体育俱乐部早在 20 世纪就已经开始起步，政府采用针对俱乐部的营业税、针对高收入运动员的个人所得税等减免来扶持这些俱乐部的发展。经过这么多年的扶持，各俱乐部的经营获得了很大的成功，美国的体育产业迅速崛起，职业运动员如雨后春笋般进入世界各国人民的视野，同时运动员的收入也大大提高。伴随着这些减免优惠政策，在美国体育运动发展潮流的推动下，在职业体育体系下锻炼出来的运动员和这种体制下的运动员构成了美国体育产业的重要支柱。

美国的税法在改革之前，对于持有美国职业球队的股权来说，是非常有利的。根据当时的税法，球队能够获得相应的税收减免，若出售球队，通过税收减免，可以根据运动员的劳动合同减免增值税，并获得资产增值的部分。因为这种税收优惠制度导致美国的职业球队股权非常抢手，拥有球队股权的投资者也因此得以逃税。这种模式为美国职业体育的发展尤其是初期阶段作出了巨大的贡献，同样这种经验也特别适合于我国职业体育产业刚刚起步的阶段。但是，这种模式也存在税负不公的缺陷，随着职业体育的进一步发展，这种模式也应该与时俱进，逐步改革，以保证税赋的公平性。

在公共体育场馆的建设上，在美国州政府优惠减免政策的驱动作用下，出现了大量的私人投资体育设施建设。正是因为美国的职业体育发展良好以及职业体育比赛在世界上的影响力，当地政府纷纷加大对体育设施的投资和支持力度，重视职业体育俱乐部的发展。

（四）美国体育非营利组织税收优惠制度

1. 免税认定与管理

学术界的营利组织有六大特征：公共利益性、非营利性、志愿性、自治性、具有法人资格、非政府性。非营利组织主要由相关税法规定进行管理；免税资格可向税务局申请，免税资格需要审核通过。对于有异议的审核结果，既可以向法院诉讼，也可以向相关部门申请复议。在其管理上，税务部门对免税组织的财务状况进行审查对，一旦发现有任何违规情况，免税资格将会被取消。

这些具备免税资格的营利组织，每年可向联邦税务机关报送财务报表以及经营活动年度报表[①]。而司法部承担着监督职责，其目标群体是美国大部分州的非营利组织。除此之外，参与监督的还有制定管理标准的相关权威社会组织、非营利组织内部各个机构，还有向社会公众公开相关信息等方式，通过仲裁、处罚、起诉等规范非营利组织的行为，增进组织透明度、提高组织的服务能力。

2. 美国体育产业财税政策

美国体育产业的发展离不开政府财税政策的支持和规制，并且在

---

① 中国现代国际关系研究所院课题组：《外国非政府组织概况》，时事出版社2009年版，第58页。

美国体育产业发展历程中尤为重要。具体而言：

第一，税制政策与产业政策是反垄断豁免政策的主要内容，不同阶段的体育产业发展需要不同税收政策的动态调整，良好的政策环境也因此促进了美国体育产业高速发展，对美国体育产业的高速发展起到了非常重要的作用。1976 年美国进行税收政策大改革，当时美国国会也因此根据实际情况调整和修改了相关的政策。例如，美国国会修改了职业体育运动队股权购买的相关政策；修改了鼓励投资体育场馆建设的税收政策。综合考量美国体育产业的发展经历，我们可以看到，美国体育产业在推进体育的大众化、职业化和商业化的过程中，其产业税制同样经历了由垄断经营体制下的合理税负，到大众化发展所要求的公平税负的动态演进过程。这就使美国体育联盟迅速崛起成为巨头，其巨大的控制力延伸到各种体育竞技项目和市场。伴随着体育职业化的快速发展，在 1976 年的美国，面对新形势，相关税务部门对税收进行了调整，职业体育在税收政策方面的优惠随即被取消。由此职业体育运动不再是资本家逃税的"港湾"，这对保证职业体育产业的健康发展是十分关键的一步。在制度方面，美国通过设立一系列的制度安排，如美国篮球职业联赛的 NBA，通过工资帽制度，制定球队最高工资限额，并配之奢侈税处罚。此外还有选秀制度、转会制度、工资托管制度、反垄断豁免政策等一系列的配套制度。

第二，以税制改革的方式吸引风险投资进入。以此来刺激体育产业增长，解决就业等相关问题，自 1980 年以来，在美国以政府出资的公众体育产业风险投资基金分别在 25 个州先后成立，起到了积极示范引领作用。税收政策对风险投资机制的形成是不可或缺的，依靠这些优惠政策，美国的体育产业得到了极大的发展。

第三，实行税收优惠政策主要体现在相关的公益性体育活动和社团等。在西方各国的社团立法中，普遍对非营利的或自治性的体育社团给予财税优惠。例如，对体育社团捐赠则给予免税待遇，或者不将其列为纳税主体。

第三节　英国促进体育产业发展的财政政策的经验

一、支出性财政政策

（一）英国体育公共服务均等化政策

英国是世界上第一个宣布建成的"福利国家"，20世纪80年代保守党的撒切尔夫人上台执政，对体育相关政策进行了改革，但伴随着经济的停滞和财政资金紧缺，公众对体育设施的建设投入了极大的热情。

同时，英国政府有着重视社会公平和平等的传统，也很自然地对公共体育服务均等化等相关问题非常重视。在相关的体制设置上，都是为推进建设有关社会公平的事务所安排的。目前，英国公共体育服务均等化的努力已经进入了一个新的阶段，现在努力解决的是性别差异和社会上的弱势群体的公共服务平等化，并进一步致力于攻克目前存在的各种问题，如通过实施体育服务均等化解决公共体育服务不均等问题。英国政府提出的均等化目标主要分为4个阶段，分别为基础、初级、中级和高级，同时针对这些不同阶段又提出不同的标准和评价，其目标是最终体育公共服务能够实现均等化。

（二）英国大型公共体育设施典范项目

英国谢菲尔德体育设施是英国体育设施的典范项目。在1970年左右，谢菲尔德市开始走向衰败，钢铁企业和煤炭企业的大量倒闭导致了该地的经济萧条。面对这种困境，1980年谢菲尔德市政府开始大量投资兴建体育休闲设施。直到1988年，随着谢菲尔德国际设施管理集团的加入，谢菲尔德市的各类活动资源得到最大限度的挖掘，谢菲尔德市以"体育产业城"的形象成功进入公众视野，这一形象的构建极大地促进了当地产业结构的调整和经济的复兴。

二、收入性财政政策

（一）英国体育经济活动税收政策

为了促进体育产业的发展，英国政府一方面运用税收等政策减轻非营利性体育组织的税收负担，另一方面鼓励私人机构赞助体育事业。双管齐下，以大资金支持推动高速发展。在免税上，对于享受到获得的收入免于纳税待遇的组织体育比赛的相关部门，一旦能够被慈善委员会认证为慈善机构的话，那么该组织将能够获得免税。但能够被认定为慈善机构的组织必定是少数，对绝大多数体育组织来说，特别是对私人体育俱乐部，他们是要承担税收负担的。他们可以利用国家的税收政策，合理地进行税收筹划。例如"统一经营税"（UBR），能够在实践中作为很好的减税税种。UBR 是财产税的一种，这种税种由中央政府制定，可由地方政府认定，被认定的体育组织和社区税收可相应得到减免。目前英国不同地方政府对是否征收该税莫衷一是，但大多数政府都已经对该税实行了免征。目前这个税种一直被英国体育理事会游说于地方政府，以此来对体育组织免征该税种。相对于欧洲其他国家而言，英国被称作外籍球员的"税收天堂"。

（二）英国对彩票业的管理

英国的彩票分为国家彩票和公司发行的彩票两种。由英国议会发行批准国家体育彩票，由此筹集来的资金分别使用于各项公益事业。英国博彩业大体为内政部管理。在彩票所筹集的公益金的使用上，英国运用制度来保障公益金使用的科学化、合理化和公平化。政府设立一个名为"国家彩票慈善委员会"的机构来独立地管理和使用筹集来的公益资金，并伴有一套严密的科学评审制度。

英国与我国的彩票在经营管理上也略有不同（见表5－2），英国的彩票制度相对完善。

表5－2   英国与中国彩票管理比较

国家	监管部门	监管权力	彩票法
英国	国家彩票委员会	集中于中央、具有监管的独立性	《1993年国家彩票法》《1998年国家彩票法》
中国	国务院、财政部、民政部、体育总局	不具独立性	无

（三）英国非营利体育组织税收优惠制度

英国非营利组织泛指以公益性为目的的互益型组织，主要包括慈善组织、社区组织、志愿组织、社会企业等①。对于已经登记备案的慈善组织来说，税收优惠制度是适用的；反之则不能获得减免。

英国正式登记的非营利组织分为两类：慈善组织和非营利企业。根据研究目的，本书仅研究慈善组织，早在15世纪的英国就出现了慈善组织并且在当时就颁布了慈善法，这标志着英国慈善事业的开始。1993年英国将慈善事业扩大范围，休闲健身娱乐等事业作为公益性组织被纳入公共慈善事业之中去。且在2006年重新修订了慈善法，以法律的形式明确规定了相应的标准，并推行慈善组织注册制（不包括豁免或特定慈善组织）。慈善组织的登记注册、监督管理和日常事务都由慈善委员会负责，但该委员会没有决策权。慈善委员会不属于政府机构，独立于行政权力之外，但要协助完成政府的公共服务功能。

① 王名、李勇、黄浩明：《英国非营利组织》，社会科学文献出版社2009年版，第46页。

此外，在英国，体育非营利组织的所得税、增值税都可以享受一定程度的优惠，例如，体育慈善组织可获得免征所得税的收入。[1]

第四节　其他国家促进体育产业发展的财政政策的经验

一、法国财政政策经验

法国征收非常高的所得税。在这种情况下，最终职业球员所缴纳的个人所得税甚至比月纯收入还要高。1993 年法国职业体育俱乐部的经营收入纳税税率为 33%，体育比赛主办单位只有具有慈善机构地位才可以享受免税待遇。除了慈善机构，对于非营利性的体育团体，也将享受免税待遇。减税政策适用于体育场馆的收入，具体的税率根据收入性质的不同，保持在 10%～24%。

随着体育赛事的兴起，越来越多的人对体育赛事产生兴趣，从而导致体育赛事电视转播交易价格飞升。2000 年 7 月 1 日法国正式通过了增加一项税收的法案，该法案旨在保护体育运动的社会价值，得到了法国青年体育部和法国政府的支持。据估计，该法案实施后，这项税收将会为体育发展带来 1.5 亿～1.8 亿法郎的经费，几乎占法国全年体育经费的 15%，有力地促进了业余体育的发展。

二、德国财政政策经验

德国是一个典型的"福利国家"，它的高税收主要表现在个人所

---

① 贝奇·查斯特·阿德勒：《美国慈善法指南》，NPO 信息咨询中心译，中国社会科学文献出版社 2002 年版，第 27 页。

得税上（见表5-3）。德国将个税总共划分为12级，其税率为5%~56.8%。因为较重的个税负担，许多运动明星为逃避税负而选择移民。

表5-3 　　　　　欧洲五大足球联赛国税收与社会保险统计 　　单位：万马克

项目	英国	意大利	西班牙	德国	法国
月毛收入	12.30	13.75	14.05	14.91	17.56
俱乐部付社保	1.47	0.26	0.15	0.16	5.28
俱乐部共付	13.77	14.01	14.20	15.27	22.83
球员付社保	0.06	0.16	0.03	0.16	1.83
月所得税	4.74	6.09	6.52	7.25	8.23
税和社保总和	6.27	6.51	6.70	7.57	15.33
月纯收入	7.50	7.50	7.50	7.50	7.50

　　德国为了给运动员减轻税负，留住运动员，运用税收优惠政策在体育活动方面给予补助。德国政府自1990年1月1日起施行了《向体育俱乐部提供援助法》，同时《公司纳税法》规定，低于7500万马克税利润的体育俱乐部，则需要考虑流转税的问题，其比例可达7%。

　　德国政府十分支持自愿性的体育活动，为这些俱乐部提供20%左右的预算开支及一定数额的免税，并且这些俱乐部还可以免费使用体育场地。

　　1990年以来，私人体育俱乐部如"商业性的体育企业"等开始在德国迅猛发展。如健美训练房、健美中心和体育学校等这些作为私人俱乐部的主要组成部分，这些私人俱乐部的收费却远高于其他类型的俱乐部，其收费标准甚至5倍于其他类型的俱乐部。高收费的后果是能够提高就业率，但又同时通过税收政策增加"体育企业"的收入[①]。

---

① 石磊、白玲、李晓宪等：《市场经济条件下各国体育政策》，国家体育总局信息所，1998年。

三、加拿大财政政策经验

联邦政府和地方政府共同支持加拿大体育事业的发展：

首先，加拿大为实现竞技体育事业的发展，体育局制定并颁布出台了《加拿大体育政策》，其中明确提出，要通过扩大加拿大竞技体育运动员和运动队的规模，以达到参加世界国际体育大赛的水平。

其次，推动体育事业在居民社区之中深入开展，以此带动体育事业发展。在《加拿大体育政策》中规定，要鼓励人民参与到大众体育之中。

再次，《加拿大体育政策》认为要根据体育发展的需要不断改革优化，从而建立起以发展竞技体育和大众体育为核心，以培育体育道德为基石的体育发展体系。

最后，加强体育沟通与互动。他山之石可以攻玉，基于加拿大体育局与各组织、各合作伙伴所达成的协议和承诺，相互学习，相互借鉴，加强交流沟通，促进加拿大体育体系更加完善。

四、澳大利亚财政政策经验

澳大利亚政府对于体育运动的发展十分重视，为了促进体育运动的更快发展，每年都给予巨额经费支持，它每年经费的支出结构是：50%拨给各协会，25%用于群众体育或社区体育项目的开展，25%由国家体委管理，主要用于青少年训练基地。

澳大利亚的财政监督制度是内外结合的，其运作是由澳大利亚国家体委严格执行的。联邦政府财政部和审计署主要对外部监督负责。其监督方式具体为，每个月报告预算的拨付情况，这需要由奥体委向联邦政府负责；审计署每年审计一次，一般为每年的 4 月。

五、俄罗斯财政政策经验

（一）支出性财政政策

俄罗斯用于体育财政拨款的财政资金来源于各个部门，这些来源按其特点可以归结为两大类：预算外资金来源和预算资金来源。俄罗斯联邦财政预算可以作出如下分类：

（1）预算支出经济开销分类；

（2）俄罗斯联邦和俄罗斯联邦主体国家内部和外部债务类型分类；

（3）财政赤字时内部和外部财政拨款来源分类；

（4）联邦预算支出层次分类；

（5）预算支出功能分类；

（6）预算收入分类。

（二）收入性财政政策

根据俄罗斯的税法，对彩票收入中的跑马部分销售额免征增值税，但对提供体育运动服务中销售劳务所获得的进项收入征收20%的税。对于经批准的钓鱼爱好者联合会和公共狩猎免征利润税。对于市属体育设施，免除利润税和土地使用税，以此来促进体育运动的发展。俄罗斯政府的体育财政拨款种类众多，但涉及的"体育类别"却十分清晰具体。同时各行政级别也自成体系，立法环节也都分工明确。这对行政区域众多、行政级别丰富的中国有较大的借鉴意义。

六、韩国财政政策经验

韩国的彩票被称为"福券"，发行主体很多，导致发行的类别也很多，主要有住宅彩票、观光彩票、自治彩票、体育彩票等。韩国的体育彩票最早可追溯到 1947 年，当时的韩国发行了"奥林匹克后援券"来筹集参加第 16 届伦敦奥林匹克运动会的经费。1983 年，为迎接第 24 届奥运会，汉城奥运会筹备委员会发行了奥林匹克彩券，其面额为 500 韩元。

韩国的首尔奥运会自 1998 年召开以来，体育运动开始在韩国民间受到了普遍关注，体育运动的需求也随之增加，韩国政府为了满足增加的运动需求，通过募集的方式来筹集资金。除了上述筹集资金型体育彩票外，韩国还有许多体育竞赛型体育彩票，这些体育彩票以体育运动的比赛结果为竞猜对象。

在韩国，国民体育振兴基金会是发行机构，受委托发行体育彩票，具体事宜由体育彩票销售公司、银行两个单位负责。

韩国自行车彩票收益明确规定，70% 的自行车彩票收益用于发放中奖者的奖金，18% 的自行车彩票收益用于缴纳各种税收，12% 的自行车彩票收益作为政府公益基金使用。《国民体育振兴法》在 2001 年 10 月开始执行，为韩国体育事业的发展作出了规划。可知，体育产业的发展在韩国非常受重视，并且有着充足的资金支持。

第五节　国外促进体育产业发展的财政政策的借鉴

一、国外体育非营利组织税收优惠制度的启示

（一）体育非营利组织免税资格认定

英国有着完善的慈善优惠制度，若慈善优惠能够被获得，则能够获得相关的税收优惠。而在美国，需要向税务局申请才能获得免税资格，审核结果若有异议，则可提出复议或者诉讼。2006 年颁布新法

以来，非营利组织的税收优惠划分明确，原则上税收优惠资格一旦登记就能获得，但在实操时也需要申请。在中国目前还未建立起税收优惠法律制度，只有来自政府的各种通知，并没有一个完善的体系，因此缺乏可操作性。

（二）体育非营利组织税收优惠力度

英国在税收方面的优惠涉及所得税、增值税和部分印花税、关税和家庭税。在捐赠过程中，相对捐赠来说物品比货币享受的优惠要多，慈善机构也可以从税务局返还个人捐款。鼓励企业捐赠，可以税前扣除捐赠的资金、货物、股票和证券；通过给予合同捐赠和工资捐赠来促进个人和员工捐赠。所得税、财产税、营业税、失业税等税收能够被美国的非营利组织机构所获得。

（三）体育非营利组织营利行为的税收优惠

英国免征所得税的范围是以非营利为目的的慈善组织。通常来讲，更多的优惠待遇能够在公益性和政府性的社会组织中得到体现。互惠性与公益性在我国的非营利组织税收优惠的相关规定中并没有被区别对待。这与其营利活动是否正常运行相矛盾。由此可知，税收优惠在营利性收入中是不能够得到的。但从长期来看，其必然趋势是非营利性的市场化运作。

二、国外体育经济活动中的税收政策给我们的启示

通过分析德国、英国、韩国、美国、俄罗斯等国家的体育经济税收政策和税收优惠政策，我们可以从中得到很多启示。

（一）政府需鼓励公司赞助体育或体育组织

通过鼓励公司赞助体育或体育组织，特别是为国家奥林匹克委员

会提供赞助。一方面，政府通过这种直接鼓励公司赞助体育或体育组织的方式，为国家体育组织资金的募集提供便利，使体育组织有着充足的经费来发展体育产业、举办体育赛事，从而在全社会形成"体育热"。毫无疑问，这将会进一步推动国家体育产业的发展，同时也会为国家带来可观的体育财政收入，体育组织也能从中获利。另一方面，赞助公司赞助国家奥林匹克委员会，既可以在社会上起到宣传的作用，又能为国家奥林匹克委员会发挥职能提供必要的资金支持，二者相辅相成，共同推动体育产业发展，使体育经济在国民经济中占据着越来越重要的位置。

（二）各国需有效发挥税收杠杆调节市场作用

各国利用税收杠杆，在体育收入、资产转移、并购等方面，有效规范公司、体育俱乐部、职业运动队，遏制体育经济活动过程中的投机行为。有效发挥税收杠杆调节市场作用是国家宏观调控的重要手段，通过规定体育产业在体育收入上的税收政策可以达到激励或者抑制其发展的作用，也可以达到激励或者抑制某一体育行业发展的作用。体育企业是体育市场的重要组成部分，是体育经济的主体。对体育企业的资产转移、企业并购等方面的税收政策规定是体育产业发展自身规模所必须参考的，可以从中解读出政策导向，有利于企业准确把握市场动态，取得成功。

目前，我国已将体育产业列为全国十大新兴产业，体育经济活动正如火如荼地开展。与此同时，外国体育经纪公司、体育俱乐部和媒体集团长期以来一直希望进入中国体育市场。国家体育总局、国家税务局和国家市场监管管理总局共同学习研制相关的税收政策和费用问题，并规范完善我国体育市场机制，从而进一步促进我国体育市场健康发展。

三、国外体育彩票管理的启示

中国的体育彩票发展从无到有，已经有十几年的历史，用了很长的时间建立和完善了相关的政策、法规、规章等制度。但需要认识到，随着市场经济竞争的日趋激烈，新的消费方式也随着社会需求的变化而产生。因此，我国体育彩票的管理模式也需要改变。美国的商业管理模式是在各州的基础上发行彩票，其企业承包和政府直接管理的模式值得中国学习。美国和英国的权利管理相对独立，而我国的管理和监管并不分离，限制了彩票在管理层面的及时性。在未来体育彩票管理的发展路径中，我国可以采取独立的管理制度，以此增强监督的约束性，来促进体育彩票的发展。彩票在市场竞争中，同质化严重影响了彼此的销售额。对于我国目前发行的同质彩票，应采取必要的改革措施，有效规范彩票市场。同时，在彩票运营成本方面，利用科技手段降低彩票发行成本，提高彩票销售量。与西方国家相比，美国、英国、法国和西班牙都有较为完备的"彩票法"，这也是中国彩票目前所缺失的。

针对体育彩票管理的体制问题，要想体育彩票长远发展，需要根据我国的实际情况，采取必要有效的措施，建立适合我国彩票业发展的企业管理制度，来应对社会发展过程中的挑战，以此促进我国体育彩票及体育产业的可持续发展。

四、国外体育公共服务均等化政策的启示

（一）以促进城乡体育公共服务发展作为基本落脚点，加大政策制定与执行的力度

城乡体育均等化是我国当前基础体育公共服务均等化的集中体

现，在我国，加快制定各种政策法规是推动体育公共服务均等化的首要任务。我们应该积极对接国家战略。在我国城乡体育公共服务统筹推进是不现实的，一方面我国目前还处于社会主义初级阶段，城乡二元体制一时间难以消除；另一方面人们的体育观念还有待推进。要解决这个问题，我们可以分两步走：第一步是在体育公共服务发展的基础下继续强化利益补偿机制；第二步是改变城乡体育公共服务供给的二元模式，以促进城乡均衡发展。

（二）加快财政体制改革

体育事业的发展是需要资金支持的，特别是对我国来说，财政支持是体育经费最主要的来源，这是造成我国体育公共服务区域不均等的主要原因。我们观察发达国家实现体育均等化的路径发现，财政均等化设计是实现体育发展目标的前提。所以我国体育的发展要解决三个方面的问题：一是财政体制改革方向需要转变。通过加大投入财政力度，着眼于区域差异制定体育财政政策，逐步缩小地区之间体育公共服务的差距，使中西部地区和农村地区的体育基础设施和人才紧缺现状得到改善。二是推进中央与地方收入划分的规范和调整，科学界定各级政府的体育公共服务支出责任。三是明确划分各级政府的事权和支出责任。中央政府应以城乡和区域基本公共服务均等化为重点，强化再分配职能，负责公益性覆盖全国范围的体育公共服务供给。

（三）强化市场监管，加大体育公共服务投入

发达国家主要有三种体育服务供给模式，市场与国家相结合的供给模式是最主要的模式，被绝大部分的国家所采用，并且其体育公共服务的供给基本均由国家这一主体提供，这是在大部分国家中都会出现的现象，在人均收入 2000 美元以下的发展阶段也是如此。由于现阶段公众的消费能力有限，以市场为导向的体育公共服务使大多数中低收入者无法享受到体育公共服务。此外，中国大多数体育场馆分布

在学校、企业和事业单位。因此，有效整合学校和企事业单位的体育资源已成为解决我国体育公共服务设施不足的重要途径之一。

（四）加快管理体制改革，逐步建立社会和公共参与机制

改革开放后，虽然多元体育利益出现，但传统文化的影响过于强大，没有重视弱势群体的体育权利，他们自身也缺乏这方面意识的追求，这也导致我国公共服务出现不均的现象。此外，由于过于重视效率，导致体育公共服务的场馆建设、器材和培训没有考虑到特殊群体的需要。而我国的人口数量大，这些仅仅依靠政府是难以完成的，所以需要一些非营利组织和社会公众积极参与公共服务的建设，并逐步培养弱势群体的权利意识、体育技能和知识，使他们积极主动去追求全社会体育公共服务的均等化。发达国家足够重视体育公共服务均等化，并获得了重大成就。由于各国的具体实际情况并不相同，因此，我国既要学习借鉴国外的理论和方法，又要寻找适合自己的道路，以此来促进体育公共服务均等化发展。

小　结

本章主要讲述了国外促进体育产业发展的财政政策的经验与借鉴，包含五节。第一节介绍日本促进体育产业发展的财政政策经验，分别考察了日本为发展体育产业所采取的收入型财政政策和支出型财政政策经验。第二节介绍了美国促进体育产业发展的财政政策经验，主要从美国为发展体育产业所采取的收入型财政政策和支出型财政政策两个方面考察。第三节介绍了英国促进体育产业发展的财政政策经验，主要从英国为发展体育产业所采取的收入型财政政策和支出型财政政策两个方面考察。第四节分别介绍了法国、德国、加拿大、澳大利亚、俄罗斯、韩国等国家促进体育产业发展的财政政策经验，各自

从不同的角度进行考察。第五节论述国外促进体育产业发展的财政政策借鉴，主要着眼于国外体育非营利组织税收优惠制度、国外体育经济活动中的税收政策、国外体育彩票管理、国外体育服务均等化政策四个方面的启示。

第六章

优化促进我国体育产业发展的财政政策路径

第一节 支出性财政政策

一、财政支出政策

（一）有效利用财政转移支付制度

财政转移支付制度使得体育事业支出结构优化，一般来说，财政转移支付制度大致分为两个相关的方法，即纵向转移和横向转移。

纵向转移包括两种形式：上级政府对下级政府；下级政府对上级政府。这两种转移支付形式对优化体育事业支出结构起到重要的作用。目前，为应对我国体育事业中存在的中央与地方财权与事权不匹配的问题，应当建立一种中央及省级政府对县、乡镇二级政府的纵向体育财政转移支付，而且我们必须坚持财权与事权相匹配的原则，使二级政府在努力发展体育事业的时候不被匮乏的资金"扯后腿"。

横向转移则旨在解决东、中、西部地区体育事业财政支出不平衡的问题。尝试建立一种由东部发达地区对中、西部欠发达地区的横向体育财政转移支付是很有必要的，它能在一定程度上实现区域之间的公平。近年来我国一些省份对西藏各地区的体育援助就是个很好的横向转移的例子，这种体育援助对促进当地公共体育事业的发展发挥了至关重要的作用，对发展较弱的省份体育事业的慷慨捐赠，值得其他体育事业发展较好的省份学习。

（二）破除城市偏向理念并重视农村体育事业发展

城乡体育不公其实很大程度上源自社会经济发展中以城市为中心的价值指向。当初发展体育事业的时候，国家有抱有先让城市的体育事业发展起来，再让城市体育事业的发展来带动农村体育事业发展这样的想法。然而现如今城乡体育的发展严重失衡，对国家总体上体育事业的发展有百害而无一利。城乡均衡发展不仅关系到我国体育事业能健康地发展壮大，而且也联系着缩小城乡经济上的落差。因此，我们应该破除这些长期形成的城市偏向价值理念，重视农村体育事业的发展。为应对城乡体育事业发展不均的问题，政府需要做的首先是要让城乡体育的差距不再继续扩大，然后就是让这个差距逐步缩小。所以需要特别加大当前农村体育公共财政支出，从而解决这些年长期形成的农村体育贫困问题。

（三）合理增加体育事业公共财政支出占 GDP 的比重

查阅资料发现，国外发达国家体育公共财政支出超过国家财政收入的 1%，而我国体育公共财政支出常年不及全国财政收入的 0.4%[①]，而且目前我国的 GDP 和政府财政收入都处于增长状态，国家对体育事业公共财政的支出已经无法满足社会群体对于体育公共产品和服务的需求。如果要使它能够在一定程度上跟上财政收入的增幅的话，应将体育事业公共财政支出占全国财政收入的比重增加至 0.6% ~1% 更为合适。

前面我们已经分析过，中央和地方政府对体育事业经费的财政投

---

① 资料来源为美国财政部和中国国家统计局。

入可以为经济增长带来一定的促进作用，特别是地方政府对体育事业经费的支出，更加促进人们对体育产品和服务的消费，在刺激体育事业发展的同时使得国民经济有所进步。所以政府在合理加大体育事业公共财政支出占 GDP 比重的同时，也要照顾中央和地方体育事业投入和支出不平衡的问题，加大对地方经费的投入。

（四）完善法律制度并构建体育公共财政支出绩效评价机制

凡事都要有法有度，公共财政支出更需要法律的约束和一定的监督机制。

第一，要完善法律制度。只有刚性的法律和法规才能够保证公共财政的支出在一定程度上来说是公平的，而且这套法律法规还必须要行之有效。一方面，各级政府在体育公共财政支出中应当做到哪几点、要做到什么程度，这些问题都需要在《中华人民共和国体育法》中明确，这样才能避免仅仅是因为法律制度不够完善或相关的法律法规条文比较模糊而造成的各级政府推诿或者漠视责任的现象；另一方面，我们必须要通过一些法律法规制度来规定各级政府对于体育事业财政支出中的各结构支出分配比例、支出数目、支出的流程以及违规的惩罚等一些内容，而且这些法律法规应是系列配套的，能够自成体系，这样可以使之在实践中易于操作。

第二，要建立体育公共财政支出绩效评价机制。对于一个事件的效果评价和经验总结远远比它的结果更为重要，所以为了保障体育资源能够均等地向所有的社会成员分配，我们应该建立比较开放的体育公共财政支出绩效评价体系、来自体育、立法、审计、媒体等多个领域里的专家组成的评价主体、能够仔细地检查并且判别出国家所发表的有关体育的财政制度是否公平合理而且能够指出其中存在的错误，从而建立对应负相应责任的人员赏罚分明的评价结果反馈体系和公平合理的体育公共财政支出绩效评价机制。

二、财政投融资政策

（一）通过法律来规范我国体育产业财政投融资行为

对于社会主义的现代化市场经济来说，财政投融资的规范要通过法律规范来确立，体育财政投融资政策的工作机制也必须通过完善的法律体系来构建。通过立法确立体育产业财政投融资的规范定位，重构符合现代市场经济运行要求的体育产业金融投融资机制，应该严格规范和具体规定金融投融资的主体、组织、管理运作机构、运作方式、运作范围、财务管理、信用评级和处罚违反的规章制度，应尽快制定和颁布与金融投融资体育产业相适应、相匹配的法律法规。因此，我国相关的监管部门十分有必要对体育产业投融资行为发生的主体、参与机构、经营模式和经营策略、财务行为、违规处罚等各方面都制定明确的法律规范。

（二）构建涵盖财政投融资行为在内的体育产业预算体系

财政投融资作为公共财政预算的有效补充，每年都应在编制体育产业财政预算的内容中列入财政投融资计划，其运作规模要与同级预算规模相协调，并按照法律程序接受权力机构的审查与监督，全面反映体育产业金融投融资的来源、规模、使用、投资回报和经营情况等。

（三）建立以投资、信贷、资本平衡的体育产业金融投融资决策机制

传统的体育产业金融投融资体制是三权融合的模式，存在很多弊端，不利于体育产业的发展。解决办法是三权分立、相互制衡：投资决策、资本决策和信贷决策共同作用。当参与主体就位后，政府相关投资项目的决策机制应当为：首先，附属机构和代表处是两个负责企

业投资决策通用项目的投资者，投资决策以及特异性的劳动分工取决于不同的内部治理结构的主要机构投资者。其次，针对重点项目，行政部门可以作出适当的项目决策，但决策的最终结果必须由出资人的利益相关方进行审核通过。最后，银行在审查项目投资者的投资风险和还款能力后作出信贷决策。这种决策机制，有助于项目的客观审批。

（四）大力发展体育产业财政信用

体育产业财政信用体系的大力发展，能够弥补银行商业性金融资金不足的问题，是政府调控资金市场、转移财政职能必不可少的一环。我国发展体育产业财政信用体系，应该重点从以下几个角度入手：一是信贷资金的投入应当符合国家体育产业政策和国民经济发展的计划，以开发体育新产品、普及体育科技以及抓好体育设施的基础设施建设为重点。二是扩大融资规模，采取多样化的筹资渠道，拓宽体育产业财政信用领域。除历年滚动财政资金、预算安排周转资金和专户存储预算资金外，还可以在保持所有权不变的前提下吸收闲置社会资金和跨部门横向贷款资金，使社会团体各项资金进入金融信贷的体系之中。三是建立健全金融信贷资金运作程序。在资本投入方面，充分体现项目规模效益。在回收中引入责任制，与银行合作，有效解决回收率低的问题。在管理上要集中统一，提高公信力。四是投资方式不应该坚持某一单一的模式，要灵活多样，既可以分红，又可以收取占用成本，实现资本增值。

（五）加快制定财政支持体育产业发展的投融资政策

财政政策是世界各国调控经济广泛采用的重要工具。政府为大型的公益性体育产业的投融资提供补贴和担保的例子不胜枚举。加快制定支持体育产业发展的投融资政策对于促进体育产业发展意义非凡，有关部门应渐渐改善和加强金融投资和融资政策，加强研究投融资政策，完善和创新投融资政策机制以支持体育产业的发展，并为政府提供一个有效的机制，为体育产业提供公共服务。深化财政管理体制改革，各级财政坚持"两条腿走"原则，处理中央财政与地方财政的关系，大幅增加体育产业投资，充分发挥两项举措的作用。同时，按照"有所为，有所不为"的要求，加强对体育事业的财政保护。积极发挥财政资金和政策的引导作用，调动社会各界的积极性，增加体育产业的投资，大力支持和发展体育产业。

（六）建立社会资本进入体育产业的激励机制

1. 明确企业的投资者主体地位

社会主义市场经济在我国已经基本建立，我们要充分发挥市场在资源配置中的决定性作用，积极对我国的投融资政策进行改革，明确企业的投融资主体地位。投资主体基本分为政府、企业和居民。不同的投资主体有着不同的投资目标，居民等私人投资者关注的是利益最大化，而政府投资主要是为社会提供公共产品，弥补市场缺陷，调节宏观经济。

2. 完善出资人制度

我国体育产业投融资体制改革的核心问题是如何确定资本出资人制度。目前，在体育产业资本投资的过程中，存在一系列的缺陷，最主要的是投资的主体不明确，所形成的投资活动利益关系不清楚。这样就使风险和投资不对称，产权不能形成一个基本约束。要形成体育产业投资决策的根本责任约束，必须解决公司治理结构和产权虚置中的监督功能弱化的问题。只要解决这个问题，体育产业资本投资才会是有源之水，体育产业投资体制改革才能继续推进。在所有者到位的前提下，通过公司治理结构对体育产业企业的经济活动进行有效的监督，投资者和企业实体应该享受完整的投资自主权和承担全部经济责任，从而减少或停止传统行政审批项目。

3. 厘清政府与民营资本的投资领域

我国经济投融资体制改革鼓励私营企业进入任何以商业为导向的

投资项目。政府应当关注私营企业的社会招标，政府和国有企业的投资范围应大大缩小，能够通过市场机制解决的问题让市场自行解决。在改革开放前，我国政府是整个国家经济唯一的投融资主体，基本上所有的投资行为都是由政府完成的；改革开放后，除了与国民经济命脉密切相关的关键产业和领域存在限制外，在一些非关键领域私人资本是可以投资的。

4. 构建有利于民营资本进入体育产业的投融资机制

当前，我国职业体育俱乐部仍然以国有资本为主。自 1994 年足球职业化以来，已有 60 家公司以单一形式投资俱乐部。到目前为止，大部分已经无法运行或无法参与竞争，这种现象的产生必然与企业不当的投资行为和经营目标有关，这样从根本上使职业体育丧失了作为一种商业发展的经济意义。

三、公共服务均等化政策

（一）树立财政法治的观念

国家财政活动和私人的活动有本质区别：公共财政以赋税为主要来源，私人的活动则以劳动所得的报酬为主要来源。赋税具有强制性，是国家凭借政治权力要求民众无偿让渡私有财产的现象，民众只获得公共服务和公共产品。国家以公共财政为基础发挥职能，主要在于弥补"市场失灵"，具有法制性和非营利性。

民众基本权利的实现是以体育服务均衡化为基础的，而财政资金分配不均导致了少数人占有了多数人的体育财政资金，这种体育财政分配制度是需要杜绝的。现行的体育财政分配制度导致了体育公共服务的不平衡。我国体育公共服务的非均衡性在于城乡体育资源的巨大差异。区域之间体育群体数量和消费力存在较大差异，城市弱势群体公共体育资源相对匮乏。因此，为了保证我国体育公共服务均等化，只有通过引导居民培养体育财政的法治意识，完善体育金融法律制度来实现这一目标。

（二）健全财政转移支付法律制度

1. 加强财政转移支付机构设立和立法

当前，我国还没有财政转移支付的专门法律，然而，财政转移支付只有在法律制度的保障下才能科学规范地运行，以实现转移支付均衡的目的。发达国家的财政转移支付制度实际运作效果良好，是因为它们有一个丰富而成熟的财政转移支付法律体系。因此，未来财政转移支付法必须建立在规范财政转移支付行为、提高金融监管能力、促进区域经济社会发展基本平衡、促进国民经济稳定发展等方面的基础之上。只有这样，体育公共服务的平衡、体育公共财政资金的转移支付才能得到法律保障。借鉴西方发达国家的有效路径，加强立法，建立专门的转移支付机构。因为我国幅员辽阔，地区发展失衡，应该建立一个独立的、权威的、高度专业化的财政转移支付委员会和转移支付的相关制度。

2. 科学制定转移支付计算方法，改进转移支付形式，优化支出结构

由于我国存在着多种不同性质的财政转移支付形式。为了改变这种情况，我们可以细分财政转移支付形式，同时借鉴先进的经验，如取消税收返还制度等，以此来消除这种畸形的分配支付制度。在吸收了先进经验后，结合我国实际，建立起一套科学和完善的计算公式和测量方法，与世界接轨，将"因素法"作为财政转移支付的依据。我国必须要加大对地方政府的一般性财政转移支付以支持各地方政府提供公共服务。目前地方政府"心有余而力不足"的原因在于一般性转移支付偏低，从而无法为本地民众提供充分的体育公共服务。因此，必须要不断优化转移支付结构，逐步提高一般性转移支付的所占比重。

（三）明晰事权，科学界定财政支出范围

1. 厘清政府与市场的界限

政府和市场应当各司其职，安守本分，政府管好其该管的事，市场也要发挥其作用。特别是在体育公共服务领域，政府和市场相互配合，在遵循市场经济规则和尊重客观经济规律的前提下，用市场手段优化体育资源配置，促进体育事业均衡健康发展。政府做好管理者角色，而不能参与到体育市场竞争中，政府要做的是维护市场秩序，制定有利于市场发展的规章制度等，打造服务型政府。政府可以干预体育市场，但范围必须是体育服务"市场失灵"的区域，因此，损害体育市场活力的社会是无法实现体育事业的发展的。

2. 明晰政府间事权，合理划分支出范围

在保证效率和受益范围的基础上，明确将具有全民性质、受益对象包括全体人民的体育公共事务划归中央政府承担，这样两级政府分工明确，才能为形成公平、合理、长效的中国体育公共服务供给机制奠定基础。

公共体育服务的纵向延伸则应该由地方政府承担。这种公共体育服务毫无疑问具有很强的外溢性。中央政府主要实施财政援助，同时也要帮助分担偏远地方政府提供体育公共服务的财政支出压力，以实现地方体育公共服务平衡的目标。

3. 完善体育财政资金支出的民主决策机制

我国体育公共服务主要由政府提供。公众只享受却不参与，可见这种决策机制并没有达到体育的目标，也是不科学、不公平的。为了实现体育公共服务均等化，需要完善体育资金的民主决策机制。首先，应接受公众意见，在决策前听取公众意见。其次，我们必须重视公众参与。涉及重大体育公共服务项目的，在决策前必须进行听证。此外，向政府体育工作部门传达公众对公共体育服务的意识，只有完善体育财政支出的民主决策机制，才能避免权力寻租现象，避免财政资金的浪费，从而保证我国体育公共服务的均衡实现。

（四）完善财政监督制度

1. 加强事前监督、事中监督与事后监督

财政监督是十分重要的，对于实现体育财政资金的高效使用具有十分重要的意义。加强事前监督，即加强对体育财政资金预算的监管，主要分为以下两个方面。第一，完善预算收入，将体育组织、协会、部门的非税收入纳入财政预算。第二，必须制定详细的体育预算，对各大中小类支出项目做出清晰的界定；加强事中监督，应规范突击检查并形成体制机制，全方位监督，有问题及时解决，用制度加以保障；加强事后监督，注重回头看，而不应该仅仅是向前看。

2. 加强人大的监督，形成财政部门监督、体育部门监督、审计部门监督相协调制衡的机制

全国人民代表大会作为最高权力机关，接受人民的委托，根据宪法对政府的财政活动进行监督，这是它应尽的职责。但由于计划经济的长期影响，极大地削弱了人大的财政监管职能。因此，我们不仅需要一套系统全面地反映体育财政运行的计划，还需要建立全国人大的调查制度，特别是体育财政资金使用的人大质询制度。目前，全国人大的监督只能从宏观上把控，不能全面覆盖。因此，只有各部门相互合作，相互制衡，同时发挥财政、审计和体育部门的自律监督作用，监督才能行之有效。

第二节　收入性财政政策

一、税收政策

我国体育产业化进程尚处于起步阶段，体育的经济功能还远远没有发挥出来，有必要调整和完善现行的财税、法制、行政等制度。

（一）构建规范统一的体育产业税收激励政策体系

一是扩大体育产业税收激励政策的范围，逐步将支持体育产业的现行税收激励范围进一步扩大到转让税、所得税、财产税、资源税和行为税等所有税收，建立和完善现行税收政策。二是丰富体育税收政策内容，鼓励国内外企业通过合资、参股、特许经营等多种方式参与体育基础设施建设，并给予一定的税收优惠。三是设立"体育产业风险投资基金"，引导民营资本投资体育产业发展，通过税收抵免、加速折旧等各种税收政策，刺激国内外企业增加对体育产业的投入。四是实行差别化税率政策，应采取差异化的比例税率。例如，对公共体育休闲场馆应根据20%的营业税征收50%或10%的特殊附加税。而对体育产业的核心层，应从低适用税率，如体育会展业、体育新闻传播、体育出版和版权产业等体育品牌服务，采用2%的优惠税率。

（二）完善激励体育产业发展的税收优惠政策

（1）在体育产业科学研究方面，企业应该允许其按照实际发生额的200%扣除。同时，体育科技企业前期研发测试成本占10%，为分散体育企业的研发风险，降低相关研发成本，按照审慎原则，允许企业按总收入的5%提取技术开发风险准备金和坏账准备金。

（2）体育产业赞助方面，现行税收政策规定体育赞助支出不能相抵扣，极大地降低了体育产业赞助商的积极性。调整现行政策，允许企业和个人将体育活动赞助纳入广告或销售费用，使体育产业可以得到资助和发展。

（3）在体育产业领域的投资，如果国内外企业或个人在中国体育产业开始新的项目，或投资建设新的运动训练、比赛和科研设施，或增加体育企业的注册资本，或经营期限超过5年，按60%或100%的再投资予以退税。

（4）在体育彩票的收集和管理中，要充分利用体育彩票融资成本低的优势，逐步拓宽体育产业融资渠道，不断减轻国家财政负担。因此，建议在一定范围内取消体育彩票奖金缴税，这将更容易吸收更多社会闲置资金，发展体育产业。

（5）在体育用品业方面，应充分运用多种税收优惠政策和手段，努力减轻体育用品业的税收负担，降低企业的生产经营成本，提升企业市场竞争力，扶持与保护并重，构建独具中国特色市场经济的体育用品税收政策体系。

（三）推进体育管理体制深化改革，积极运用税收等宏观调控手段促进体育产业发展

自 1970 年以后，人们的物质生活水平的极大提高，刺激了社会体育需求的快速增长。目前，世界上各国大力运用产业政策的杠杆，引导刺激个人消费，广泛吸收社会资金，对于各式各样的体育经济活动，给予了不同程度地税收减免。我国在支持发展体育产业方面，十分有必要借鉴发达国家的成功经验，大力引入市场机制。建立完善的体育发展的自我补偿机制，形成多元化投资格局，以促进体育产业化、市场化的进程。

（四）加大法律支持和税收政策对体育产业的优惠力度

首先，对体育企业组织的体育活动进行严格的性质区分，对于公益性体育活动可以免征营业税，或根据实际情况可适当予以退税。对于商业性较强，但是群众参与较广泛的体育活动，可酌情给予税收优惠。鼓励各种性质体育活动的举办以促进体育产业的发展。对体育建设类项目，同样以公益性和商业性性质进行区分，属于公益性的为群众开展体育健身活动的体育场馆营业用地，土地使用税可予以免除。经营性体育项目的企业，以加速折旧的税收优惠政策，在对企业减轻税负的同时，倡导其进行技术创新，在科技含量提升中提高体育产品

品质。其次，以税收优惠政策吸引其他企业对体育组织以及体育赛事进行赞助。

（五）加大出口退税力度，清理各种不利于国内体育企业参与国际竞争的税收政策

（1）采取一定过渡措施，统一内外资企业税制。公平税负的原则是企业公平竞争的保障。在税收政策方面，内外资企业应当一视同仁。

（2）完善出口退税政策。我国鼓励出口的很多优惠政策将被取消，而出口退税政策根据惯例不属于出口补贴范围。因此，十分有必要进一步完善出口退税政策，全面贯彻"征多少，退多少"的出口退税原则。

（六）加强税收征收的管理

体育产业因其本身具有流动性、快捷性、隐蔽性等特点，使体育企业偷税逃税的现象十分严重。税收优惠政策一方面使得体育企业获得实实在在的好处；另一方面却也使一部分不法商人利用税收优惠政策逃避税收。特别是我国加入 WTO 后，国际税收筹划的挑战和国外大型体育企业的涌入更是加大了税收征管的难度。因此，有必要进一步加大我国税收征管改革力度，完善征管模式，引入电子信息手段；严厉打击偷税漏税骗税等违法行为；强化税收队伍建设，大力培育税收征管人才。

二、体育彩票政策

（一）严格控制体育彩票的发售

发售体育彩票只是一种筹资方式，它是一种特殊的再分配手段，并不能增加国民收入。因此，体育彩票的发售必须要有度，不能无限

制地发行，还要加强创新，主动适应新时代，建立一个健康的体育彩票市场。

（二）改革体育彩票发售体制

民政部和国家体育总局目前是我国发行彩票的主导机构。但是两个部门发行和销售彩票所募集资金使用的方向有区别，这无疑会引起两个部门的恶性竞争，造成整体发售效率的低下。因此，应该规范体育法律制度，发售管理机构全权处理相关的彩票事宜。同时加快法制建设的步伐，抓紧时间出台《彩票法》，为彩票市场制定行规。

（三）增强体育彩票的文化内涵

随着彩票业的发展，彩票的无形资产将随之增值。彩票将不仅仅是一种投资娱乐方式，更会因其形象设计与包装而增添其内在的文化内涵，彩票所包含的文化如果逐步被人们所认识与接受，那么体育彩票才真正成为支撑我国体育事业发展的另一种融资渠道。

（四）加强体育彩票的宣传力度

体育彩票的发展不仅在于有着良好的运行机制，更重要的是在于宣传，所谓"酒香也怕巷子深"正是这个道理。体育彩票在我国出现的时间不长，人民对体育彩票还存在着疑问，并不了解这是一种投资方式，加上一些传统思想的影响，导致体育彩票门可罗雀。体育彩票要加大宣传力度，建立更多的营业点，善于利用现代的多媒体网络技术进行宣传。同时要加强对群众的教育和引导，尽可能消除彩票对青少年的不良影响，自觉承担起企业的社会责任。

（五）勇于创新以保持体育彩票的吸引力

目前我国有传统型和即开型两种彩票类型，他们大同小异。我国的体育彩票严格来说还不算真正的体育彩票，真正的体育彩票应该是以竞赛为载体，以竞赛结果为依据的，是一种竞猜型的彩票。体育彩票的魅力在于他的不确定性和与娱乐相结合的性质，因此，真正的体育彩票应当不断创新，增强其互动性和不确定性，让体育彩票中奖概率更加科学化和随机化。

（六）健全体育彩票业的管理体制

政府是体育彩票发行的主体，依靠市场手段，为体育事业的发展筹集社会闲散资金，因而也应当是监管的主体。彩票作为一种特殊商品，受市场经济规律的制约。如何才能使体育彩票的发行和销售融入市场经济之中，运行规范有序，成为筹集社会资金发展体育事业的工具，也成为居民日常生活投资理财的一项选择，这就需要我们健全体育彩票的管理。要让体育彩票行业风清气正，体育彩票体制还需进一步深化改革。

第三节　其他财政政策

一、财政转移支付政策

（一）建立均等化财政转移支付制度

为了达到减少地区间的财务差异的目的，很有必要提高一般转移支付在转移支付中的占比，全面规范专项转移支付，严格控制引导类、救济类和应急类等各种类型的财政转移支付。建立有效的财政转移支付制度框架，有利于分税制的财政体制的自我完善，对缩小公共财政制度区域差异也有很重要的作用。财政转移支付制度因不同的国家、不同的制度、不同的发展阶段而有所差异，但其目标在于消除差异性，包括因地域造成的差异和因财政资金投入不同而造成的差异。体育公共服务的财政投入不平等是我国基本公共服务不平等的具体体现，是社会发展到一定阶段所面临的现实。在我国，体育公共服务不平等正在显示出进一步扩大的趋势，原因在于随着社会的发展，区域差异、收入差异正在扩大，解决这一突出问题的关键是运用转移支付的方式。应科学合理地设计体育公共服务在支付额中的比重，提高对体育公共服务专项转移支付的支持。同时，要科学合理地优化支出结构，合理安排资金，使资金能够分配到最需要的地方，提高转移支付效率。

（二）充分利用专项转移支付发展体育公共服务

为了实现均等化目标，在日常的转移支付中需要有针对性地进行扶持。专项转移支付公共服务的占比较大，所以多以专项转移支付来进行补贴和建设。体育公共服务对人民群众的身体素质和生活品质提升有重要作用，需要的是长期持续的投入。我们应该弱化纳税申报率，缩小贫富差距，而这种差距又因纳税申报制而进一步扩大。构建以一般转移支付和专项转移支付为主体的转移支付体系，从而缩小政府财政能力的差距，弥补体育公共服务投资的不足。

（三）规范和提高体育公共服务专项转移支付

体育公共服务专项转移支付具有特殊目的，禁止地方政府将其用于其他目的。它体现了政府的坚强意志，是一个明确的转移支付方向，具有补偿性质。在实际工作中，要进一步规范和完善专项转移支付，制定科学的标准和条件，准确界定其适用范围、客观评估、科学严谨论证、明确重点。

（四）完善体育公共服务转移支付的法律法规

法律是一种行为规范。在法律社会中，法律是标准，一切都受法律法规的制约。为促进我国转移支付的规范化，迫切需要加强转移支付制度的立法。就财政转移支付的法律法规而言，可以从以下几个方面着手：一是在明确各级政府权力和财政资源的基础上，提高财政转移支付的立法水平；二是修改部门法，增加和修改转移支付的相关内容，对基层县乡政府作出相关规定，提高转移支付的科学性和规范性。体育公共服务转移支付制度的具体法律法规是以转移支付的整体法律法规体系为基础的。不仅要完善体育法中体育公共服务的具体内容，而且要研究转移支付的具体适用范围，制定出针对贫困地区和弱势群体的专项规定，保障其体育公共服务经费的支出。

（五）创设体育公共服务转移支付的激励机制

一方面在原有的一般性转移支付的基础上，增设激励性转移支付。它来源于财政增量，将这部分增量作为激励措施给予体育公共服务开展较好的地方政府以鼓励他们及其他地区解放思想、开拓思路。另一方面在专项转移支付体系中单独设立激励资金，出台政府奖励政策。通过对比，鼓励体育公共服务发展好的地区，以此来鞭策其他地区。这样可以进一步激发地方政府部门对体育公共服务投资的积极性，调整体育公共服务的财政投资规模和投资比例，以实现体育公共服务均等化的目标。

二、产业投资基金政策

（一）培育良好的体育产业投资市场环境

体育产业投资基金是一种集体投资制度，它具有收益共享和风险分担的特点。不同的是，它的主要投资对象是体育行业的非上市企业。因此，鼓励技术产权交易，建立健全产权交易市场，提升政府实际监管水平和服务效率，拓宽投融资渠道，以获得相应的收益。通过改革改善市场环境，引导提高民间资本参与程度。

（二）提供政策、财政和税收支持

在国外，体育产业投资基金起步较早，已经成长了40多年。在我国，体育产业的发展才刚刚起步，前期的资金投入虽然很大，但仅仅依靠金融投资是远远不够的。作为一种可以促进中国体育产业发展创新的融资工具，体育产业投资基金收集分散的私募基金，通过学习优秀的投资管理概念，扩大体育融资渠道，提供体育产业的经营资金，是一个促进中国体育产业快速发展的重要工具。因此，有必要通过税收减免、财政补贴等多种方式激励体育产业投资基金的发展。制定特殊的金融政策，以防范化解新兴企业可能遇到的经营风险和财务风险，如设立体育产业投资基金、成立政府信用担保基金、风险基金等方式。

（三）建立健全监督管理体制

体育产业投资基金需要两种方式控制风险，其一是内部监督，其二是外部监督。外部监管指的是政府、行业协会和社会公众通过法律进行监管。根据我国的实际情况，应该创建"法律约束下政府监管和基金行业自律相结合"的双重监管模式。

（四）完善法律法规保障

规范体育产业投资基金的投资行为，能够降低系统性风险，以保护投资者利益。进一步完善体育产业股份转让和退出的制度，严格执行市场管理法律制度，保障体育产业投资市场的公平竞争和维护交易的正常秩序。

（五）提高体育产业基金运作水准

体育产业投资基金的盈利是其追求的价值目标和首要目标，为了实现这个目标，投资基金的管理人要提高自身业务能力，基金运作人员要提高市场竞争意识。同时，基金管理者还应对项目进行内部的稽查，有效防范项目经营中产生的道德风险。

第四节　促进我国体育产业发展的相关配套措施

一、提高公众对体育服务产业的参与积极性

（1）通过两个"倾斜"不断优化支出结构。一是支出向体育服务倾斜。随着人们对体育服务的需要越来越大，对体育服务的质量要求也越来越高，因此，政府需要提高对体育设备和相关服务的投入，争取培养出高素质的体育健身服务队伍。二是支出向基础体育设施倾斜，特别是对广大的农村区域而言，基础体育设施数量少、质量低、配置不合理的问题依然突出，应该不断加大投入体育基础设施的建设。

（2）进一步加强体育设施维护与管理，提高使用设施的使用效益。对于公共的健身设施，坚持"谁用谁负责"的原则，明确责任主体，鼓励参加意外保险，建立健身设施流通机制，实现免费公共使用或低成本的目标，政府应该大力提倡和引导企业和机构向公众开放体育设施，加强对体育设施的维护和管理，并敢于接受社会的广泛监督。

（3）聚焦解决"三个不平衡"问题，发展特色体育活动。加强体育事业发展薄弱地区的帮扶力度，我们应该着重从以下两个方面来解决我国群众体育服务事业发展的区域不平衡问题：一是加强对群众体育知识和意识的普及；二是想方设法地将体育事业的发展纳入地方发展的考核范围之中，解决地区发展不平衡的问题。三是充分发掘不同年龄阶段的体育需求市场，大力开展适合青年人、中年人以及老年人的体育活动。

（4）加强科学的健身指导，提高体育服务信息化水平。建立体育健身指导服务点、定期开展健身服务和咨询、举办健身讲座，以这些方式加强健身宣传，提高居民健身意识。例如，通过智能体育服务平台的建设，提高体育服务信息化水平，可以下载群众体育服务应用程序智能移动终端，然后享受在线调查；通过体育健身场馆的使用服务平台，实现在线预订、网上支付、网上评价等。创建一个质量相同的私人健身文件，并提供差异化的健身建议。

二、构建中国特色的体育产业税收政策体系

与发达国家相比，我国体育产业化水平仍处于非常落后的地位，远不及竞技体育在世界上的地位。美国、俄罗斯、韩国、西班牙等体育产业发达国家的经验，对我国体育产业的发展给予了很大的帮助。借鉴西方发达国家体育产业发展的经验，国务院颁布了《关于加快发展体育产业的指导意见》，开始制定符合中国国情和中国特色的体育产业税收优惠制度。因此，国家应该建立一个可持续的、标准化的税收政策体系和体育产业的协调发展。以税收收入为例，要按照国家产业政策，用于公益性社会体育和薄弱体育产业的发展。具体方案有两种：（1）体育税收可以作为一种独立的、自成一体的税收制度，利用税收要素和税收政策制度进行有效的征收管理，由国家税务局单独征收管理；（2）体育税也可以作为附税类型，类似于"城市建设税"和"教育费用附加费"，纳税人是单位和个人。

1. 完善激励体育产业发展的税收优惠政策

（1）完善税收优惠政策，促进体育产业发展。吸收借鉴发达国家鼓励体育产业发展的有效措施，在企业所得税中，将社会捐赠给各类体育产业的税前扣除标准从12%扩大到30%甚至50%，大大提升公众捐赠体育产业的积极性和主动性。此外，对于其他合法体育非营利组织的社会捐赠，综合税收优惠的原则同样适用，让其平等享受国家规定的捐赠扣除标准的优惠待遇。

（2）在新兴体育产业中，借鉴国外的成熟办法，从体育经纪、健身等企业设立之日起，免征 3 年企业所得税；经营体育事业单位转为大型体育产业集团的，也免征三年企业所得税。

2. 开征体育税，构建中国特色的体育事业和体育产业税收政策体系

随着我国社会经济的发展，对体育产业的发展提出了一定的要求。各国政府借鉴美国、韩国、俄罗斯等体育产业发展较好的国家的经验，在体育产业发展过程中在税收方面给予了大力支持和帮助。国家应建立可持续、规范的税收政策体系，协调体育产业发展。建议国家将"文化事业建设费"改革为符合中国国情、具有中国特色的"体育税"。税收收入按照国家产业政策引导，用于公益性的社会体育事业，以及发展弱势体育产业。具体方案有两种：（1）体育税收可以作为一种独立的税收、一个自成体系的制度，对税收要素和税收政策体系进行有效的征收管理，并由国家税务总局单独征收管理。（2）体育税也可以作为附加税使用，类似于"城建税"和"教育费附加费"。征税对象是缴纳增值税、消费税和营业税的单位和个人。以增值税、消费税和营业税由纳税人支付为基础，同时按照一定比例征收增值税、消费税和营业税，以构建一个税收与中国体育事业和体育产业协调发展的具有中国特色的政策激励机制。

三、绿道体育服务均等化发展

绿道体育服务均等化发展反映的是各个利益群体具备的实力和政府机构对于社会群众问题的重视水平和解决能力，其本质是各方利益博弈的综合结果。绿道体育作为惠民惠利的好项目，具有事业性和产业性双重属性。面对体育服务均等化带来的利益交错等复杂的环境，政府、企业、非营利组织和个人当然都可以是推动绿色体育服务的主体，但政府是绿道体育服务均等化发展的主导者，理应承担起推动这一事业的发展主要责任。

（一）财政支出结构的调整

绿道体育必须大力发展能够体现自身经济功能和价值的部分才能够满足经济社会整体发展的需要，服务于经济发展，为社会进步做出自身应有的贡献。我们应当采取合适的财政手段，通过加大对绿道体育服务政策扶持力度，从而推动绿道体育服务的稳健发展。第一，体育财政支出向绿道体育发展部分倾斜，以保持体育公平，促进体育发展；第二，通过专项转移支付来发展绿道体育，同时确立引进体育项目全面的评审、绩效考评等财政管理制度，为绿道发展提供保障；第三，财政支出可以向发展落后的区域倾斜，大力扶持遵循服务均等化原则的绿道体育项目、产品、服务和企业。

（二）现行财政体制的完善

现代财政和税务的出现目的是满足人民群众对于公共品的需要。绿色体育的发展不能完全依靠市场，财政资金可以作为绿道体育发展的有力保障，为绿道体育的发展提供有力支撑。因此，只有完善现行的财政体制，严格按照绿道体育发展的内容和层次划分其义务与权利，这样才能真正实现财政政策对于绿色体育的支撑。

（三）转移支付制度的健全

绿道体育的发展需要不同区域不同部门的配合，然而不同区域因其发展水平不同，导致政府的财力有所差异，从而在发展绿道体育上的支持力度不同，造成绿道体育发展状况有差异。不同部门在绿道体育发展中扮演的角色和发挥作用也大不相同。这些因素导致了绿道体育动态发展不均衡的问题。这时，政府需要积极寻求解决途径，积极探索新的途径，增加一般性转移支付的比重和规模，同时加强对绿道体育发展专项转移支付资金使用的监督。

四、加快公共体育服务发展

（一）高度重视公共体育服务工作

地方政府确立公共体育服务体系建设的明确目标，将其纳入财政预算、国内经济发展，乃至社会发展规划中，通过资源的优化配置，不断提高资金利用效率。

（二）正确划分公共体育服务事权

根据公共体育产品的等级划分制度，划定地方政府公共体育服务权限的范围，需强化公共体育服务财政管理，加强政府职能部门之间财政投入资金的相互协调配合。同时，以绩效为核心，定期对地方各级政府体育财政资金使用情况进行全面监督与考察。

（三）确立公共体育服务财政投入标准

首先，明确各项公共体育服务财政的投入标准，例如体育俱乐部等建设的财政资金投入的标准等。规范中央和地方政府在公共体育服务方面的支出责任，促进基本公共体育服务的平衡，并确保公共体育服务投资的可持续性和效益。其次，公共体育服务财政投入标准要与社会经济的发展紧密结合，以确保公共体育事业持续蓬勃发展。

小　　结

本章的主要内容为促进我国体育产业发展的财政政策的优化路径，包含四节。第一节论述支出性财政政策优化路径，主要着眼于三个政策路径的优化：财政支出政策、财政投融资政策、公共服务均等化政策。第二节论述收入性财政政策优化路径，通过论述税收政策改革，给予更大更科学的税收优惠政策来实现税收政策的优化；通过建立健全体育彩票政策，加强对体育彩票的管理来解决体育产业发展资金不足问题，实现收入性财政政策路径的优化。第三节论述其他财政政策的优化路径，如优化财政转移支付政策路径、建立和完善产业投资基金政策等方式。第四节提出促进我国体育产业发展的相关配套措施，从而实现体育强国目标。

参 考 文 献

一、报刊类

［1］本报评论员：《高质量发展体育产业》，载于《中国体育报》2018年1月15日。

［2］陈芳、张洪河：《滥用了的公共利益"权力探查土地流失病灶"》，载于《中国矿业报》2004年9月7日。

［3］陈剑：《体育产业"小步快跑"》，载于《中国城乡金融报》2018年5月30日。

［4］陈晶晶：《19个行业人员被列为个税征管重点》，载于《法制日报》2003年7月23日。

［5］陈媚：《市地税局着力监控重点工程税源》，载于《南宁日报》2008年12月24日。

［6］陈萍生、陈新明：《体育广告投放注意税收成本》，载于《中国税务报》2006年6月26日。

［7］陈树德：《云南通海县政协助推农民体育健身工程》，载于《人民政协报》2011年11月14日。

［8］董基业、王太师：《乌当区强力推进贵阳"二环四路城市带"建设》，载于《贵州日报》2012年3月23日。

［9］董磊：《全民健身运动蓬勃开展》，载于《经济日报》2008年7月25日。

［10］董玮时、韩之风等：《体育教师，你是几等公民?》，载于《中国教育资讯报》2002年10月9日。

［11］窦延文：《体育新城安置小区标准达到"三星级"》，载于《深圳特区报》2007年12月10日。

［12］耿辉：《赞助体育将享税收优惠》，载于《河北日报》2011年2月25日。

［13］贵敏：《开辟休闲体育产业新路径》，载于《中国体育报》2018年5月7日。

［14］郭晓蓓：《服务体育产业应探索新模式》，载于《中国城乡金融报》2018年5月30日。

［15］国家体育总局：《国家体育总局2011年度预算执行情况和其他财政收支情况审计结果》，载于《中国审计报》2012年6月27日。

［16］韩有存：《临洮国家亚高原训练基地建设项目正式签约》，载于《定西日报》2008年11月6日。

［17］赫薇：《以奥运为契机，太原加大对体育事业财政投入》，载于《山西经济日报》2007年10月20日。

［18］胡巍葳：《健美体育城建设项目投资备忘录》，载于《远东经贸导报》2005年2月28日。

［19］胡晓虹：《香洲即将拥有自己的体育中心》，载于《珠海特区报》2009年11月12日。

［20］滑翔：《确保老年人在深圳享受"幸福养老"》，载于《深圳特区报》2006年11月22日。

［21］黄晶：《省体育中心项目启动》，载于《海南日报》2009年12月13日。

［22］黄晶：《文化广惠民生》，载于《海南日报》2011年1月8日。

［23］黄心豪、曾照畅：《落实顶层设计、扎实推进三级改革工作》，载于《中国体育报》2013年12月30日。

［24］贾海红、王劲松：《陕西力推体育惠民工程》，载于《中国体育报》2014年11月12日。

［25］贾晓燕：《中小学生课后活动政府买单》，载于《北京日

报》2014 年 1 月 21 日。

[26] 江小涓：《比赛、快乐与经济增长》，载于《淮南日报》
2018 年 10 月 26 日。

[27] 江小涓：《我国已进入体育产业需求快速增长期》，载于
《北京日报》2018 年 7 月 23 日。

[28] 姜霞：《新征程新使命，体育坚实践行》，载于《中国体育
报》2018 年 4 月 2 日。

[29] 蒋夫而：《新疆 42 所学校体育场馆免费开放》，载于《中
国教育报》2012 年 1 月 2 日。

[30] 蒋凌：《市人大开展贯彻执行〈体育法〉情况检查时建
议——加大体育基础设施建设财政投入》，载于《兰州日报》2008 年
9 月 4 日。

[31] 津政办法：《转发市体育局拟定的天津市中国体育彩票全
民健身工程管理办法的通知》，载于《天津市人民政府公报》2012
年第 9 期。

[32] 孔锬：《北京将投资 5.8 亿元建设拉萨群众文化体育中
心》，载于《北京日报》2011 年 10 月 11 日。

[33] 兰俊君：《白银区将投资 8700 万元建设体育中心》，载于
《白银日报》2007 年 6 月 23 日。

[34] 雷辉等：《备战全运会，广东投资超 5 亿》，载于《南方日
报》2013 年 9 月 24 日。

[35] 李兵：《把握好社会主要矛盾转化新要求，加快推进体育
强市建设》，载于《南宁日报》2018 年 1 月 4 日。

[36] 李川：《"十一五"期间本市文化产业突飞猛进，文化事业
繁荣发展公共文化服务体系加快建设，群众性精神文明创建方兴未
艾》，载于《天津日报》2010 年 10 月 26 日。

[37] 李存才：《安徽财政 174 亿元助推文体产业上台阶》，载于
《中国财经报》2011 年 5 月 24 日。

［38］李德春：《光彩的事业，出色的答卷》，载于《吉林日报》2006年3月8日。

［39］李刚：《补贴乡村教师勿忘体育》，载于《中国体育报》2013年11月23日。

［40］李海楠：《群众体育是体育产业发展重要基础》，载于《中国经济时报》2018年8月7日。

［41］李雅萍：《交城县体育馆奠基开工》，载于《吕梁日报》2009年12月25日。

［42］李卓：《圭塘河风光将媲美橘子洲》，载于《长沙晚报》2011年9月21日。

［43］厉征：《印度娱乐税挡住"国球"赛》，载于《中国税务报》2004年7月23日。

［44］梁影：《多项税收政策力推体育产业快速增长》，载于《中国税务报》2014年10月31日。

［45］梁影：《税收新政策力推体育产业快速发展》，载于《海峡财经导报》2014年10月29日。

［46］林阿玲：《今年我市"五大战役"计划投资千亿元》，载于《闽西日报》2013年5月3日。

［47］林侃：《福州积极申办2015年全国城运会》，载于《福建日报》2010年8月10日。

［48］蔺红、闵丽男：《体育腾飞离不开税收支持》，载于《中国税务报》2007年4月6日。

［49］刘复：《携手谋发展合作结硕果》，载于《南宁日报》2012年9月16日。

［50］刘永泰等：《党员原立宪个人出巨资修建烈士陵园》，载于《中国企业报》2011年7月1日。

［51］刘遵嘉、陆亨伯、薛小东：《大型公共体育场馆财政补贴政策研究》，载于《第九届全国体育科学大会》2011年12月7日。

[52] 卢吉平：《我省加大财政投入推动文化大省建设》，载于《甘肃日报》2013年3月7日。

[53] 吕俊蓉：《东莞网球风云录》，载于《东莞日报》2009年7月16日。

[54] 毛毛：《我省投资100亿建设西部最大体育用品制造基地》，载于《陕西日报》2012年5月19日。

[55] 毛庆等：《学校免费开放体育设施将获财政补贴》，载于《南京日报》2010年9月26日。

[56] 明天娇：《武船重工投资2.18亿元建设主体育场》，载于《黄冈日报》2011年2月1日。

[57] 缪小霞：《展文明之风，显公益之心——温州市体育彩票管理中心荣获"全国文明单位"称号》，载于《温州日报》2012年1月5日。

[58] 潘恩：《"互联网＋体育"潜力巨大》，载于《中国体育报》2018年6月6日。

[59] 彭小妮：《我市出台意见加强竞技体育后备人才培养》，载于《闽东日报》2011年9月18日。

[60] 平华：《"为自己健康投资"》，载于《中国体育报》2000年10月9日。

[61] 沙金：《深化体育产业创新发展，构建体育产业绿色生态》，载于《中国体育报》2018年2月12日。

[62] 善羽：《做大体育产业这块"蛋糕"》，载于《玉溪日报》2018年3月29日。

[63] 施文泼：《体育发展：税收当扶不当扶》，载于《中国税务报》2014年6月25日。

[64] 唐爱平：《3000万元以上非经营性政府投资项目须代建》，载于《湖南日报》2014年2月28日。

[65] 体彩记者：《体育彩票资金怎样管理和使用？》，载于《重

庆商报》2000年12月10日。

[66]《体育旅游与体育产业发展》，载于《人民政协报》2018年7月25日。

[67] 汪昊：《美国：税收优惠面向公益体育活动》，载于《中国税务报》2014年6月25日。

[68] 王红红：《体育"融合"助力经济社会转型发展》，载于《中国体育报》2018年1月15日。

[69] 王辉：《使命召唤下的中国体育产业》，载于《中国体育报》2018年12月11日。

[70] 王佳：《企业体育营销进入静默期》，载于《中国经营报》2008年10月6日。

[71] 王静：《一个百强县的体育建设之路》，载于《中国体育报》2007年7月13日。

[72] 王龙飞、王朋：《税收政策在美国职业体育场馆建设中的作用及其启示》，载于《西安体育学院学报》2014年11月6日。

[73] 王旗：《打破壁垒 改革创新 办人民满意的体育盛会》，载于《贵州日报》2018年8月15日。

[74] 王卫东：《加强管理，保证体育彩票事业的安全高效运营健康发展》，载于《人民政协报》2007年3月5日。

[75] 王炜、张玲、林凤斌：《石家庄市投资39亿多元用于城市建设》，载于《河北日报》2006年2月27日。

[76] 王晓彤：《中央将通过财政补贴推动文化惠民》，载于《中国文化报》2011年3月6日。

[77] 王新荣：《中央财政积极助力文化建设》，载于《中国艺术报》2013年9月9日。

[78] 王秀萍：《山西体育中心工程开工建设》，载于《山西经济日报》2009年3月28日。

[79] 王旭、王子阳：《致力全民健身 发展竞技体育——省财

政支持教科文事业透视之四》，载于《吉林日报》2008 年 7 月 6 日。

[80] 王雅平、孙彤：《请体育明星代言勿忘扣缴个税》，载于《中国税务报》2012 年 8 月 27 日。

[81] 王岩：《如何加强省级体育彩票行业财务制度管理》，载于《辽宁经济》2009 年 7 月。

[82] 王燕：《有志者，事竟成——访甘肃省体育彩票管理中心主任高岩杰》，载于《中国体育报》2014 年 1 月 8 日。

[83] 王永吉、金多：《加大财政投入力度，增加公共体育设施》，载于《博尔塔拉报》2010 年 4 月 14 日。

[84] 王玉宾、李维杰、郭向华：《体育设施好何愁无赛事》，载于《山西日报》2007 年 8 月 28 日。

[85] 王裕雄：《体育经济学研究前沿》，载于《中国社会科学报》2018 年 7 月 18 日。

[86] 王哲：《区县应建公益性冰场免费开放》，载于《哈尔滨日报》2012 年 11 月 22 日。

[87] 魏富强：《研究实施临时价格补贴政策、东康快速路改扩建、创建国家生态园林城市和市体育中心建设管理等工作》，载于《鄂尔多斯日报》2011 年 9 月 7 日。

[88] 毋秋丽、郎淑潇：《泽州县财政大力支持农村文体场所建设》，载于《太行日报》2011 年 11 月 23 日。

[89] 吴海明：《社会力量办体育的"绍兴样本"和"绍兴经验"》，载于《中国体育报》2018 年 9 月 3 日。

[90] 吴红波、顾筠：《宁波江北财政发力，助推社会公共事业大发展》，载于《浙江日报》2014 年 1 月 20 日。

[91] 吴红萱、张迪：《文化大发展，财政做后盾》，载于《中国财经报》2011 年 2 月 26 日。

[92] 吴吉、舒桂林：《龙岗区体育中心不花财政一分钱举办国际网球大赛》，载于《深圳商报》2012 年 1 月 4 日。

[93] 吴琼：《世上有几个足球托起的"恒大"？》，载于《广东建设报》2013年10月22日。

[94] 吴睿娜等：《四成中小学体育设施向社会开放》，载于《北京日报》2009年3月5日。

[95] 夏凌：《卞志良：让"体育下乡"成为"三农"工作重要内容》，载于《中华工商时报》2010年8月2日。

[96] 谢廷贵、陈岱晨：《我市财政支出切实关注民生》，载于《大同日报》2007年8月5日。

[97] 徐补生：《用体育经济做杠杆》，载于《山西日报》2018年1月30日。

[98] 杨宝东：《保定市人大常委会关于〈保定市人民政府关于设立实施体育新城土地储备（一期）项目向国家开发银行河北省分行贷款偿还专项资金并列入财政预算的议案〉的决议》，载于《保定日报》2014年11月27日。

[99] 杨亮：《中央财政去年文化体育与传媒支出增长18.9%》，载于《光明日报》2013年3月1日。

[100] 杨青山：《市体育中心正式开工建设》，载于《渭南日报》2010年11月9日。

[101] 姚轩杰：《多项财税支持政策落地，体育产业有望快速增长》，载于《中国证券报》2014年10月21日。

[102] 游峰：《长安投资8亿建设文化工程》，载于《东莞日报》2009年12月29日。

[103] 余觅：《推进体育产业融合，助力高质量发展》，载于《黄冈日报》2018年12月12日。

[104] 雨辰：《国家级"代建制"招标第一单》，载于《建筑时报》2005年6月16日。

[105] 袁钟祥：《做大体育彩票市场，重点在管理，关键在宣传》，载于《中国体育报》2000年11月13日。

[106] 曾晋:《总投资 200 亿元的朗钜国际健康城落户沈溪新城》,载于《本溪日报》2011 年 6 月 10 日。

[107] 张德辉:《把文化建设与经济建设放在同等重要位置》,载于《昌吉日报》2011 年 1 月 7 日。

[108] 张苗:《民运会各场馆建设计划投资 2675 万元》,载于《哈密日报》(汉)2010 年 3 月 26 日。

[109] 张莫洛、姚友军:《八方客商瞩目体育场馆建设大市场》,载于《经济参考报》2002 年 5 月 25 日。

[110] 张彧希:《成都打造城市 15 分钟健身圈,农村 5 公里健身圈》,载于《四川日报》2014 年 3 月 27 日。

[111] 张运东:《关于体育文化需求阶段性的研究》,载于《中国体育报》2018 年 3 月 5 日。

[112] 张中宝:《海口滨海公园将变身青少年活动中心》,载于《海南日报》2011 年 1 月 8 日。

[113] 赵春光:《延安投资 16 亿元建设体育场馆 70 万人参与全民健身运动》,载于《延安日报》2013 年 11 月 25 日。

[114] 赵国新:《内蒙古:学校体育设施公责险有补贴》,载于《中国保险报》2010 年 10 月 19 日。

[115] 赵晓:《体育产业财政投融资体系亟待重构》,载于《华夏时报》2010 年 4 月 10 日。

[116] 赵焱:《500 万补贴 15 个体育项目》,载于《苏州日报》2014 年 11 月 28 日。

[117] 中国体育彩票宣传特刊:《体育彩票成为社会事业发展的"助推器"》,载于《人民政协报》2007 年 3 月 5 日。

[118] 朱海宁、欧阳敏:《投资 1.2 亿实施 7 个项目》,载于《自贡日报》2009 年 2 月 18 日。

[119] 朱信楠:《一季度全市财政收支运行平稳,文化体育与传媒支出增长较快》,载于《济宁日报》2014 年 4 月 13 日。

［120］朱振岳：《杭州学校体育设施全部向社会开放》，载于《中国教育报》2014 年 1 月 17 日。

［121］专版：《江苏体育彩票成全国唯一销量"四冠王"》，载于《新华日报》2010 年 1 月 11 日。

二、期刊类

［1］白杨：《民营企业体育文化建设探究——以鄂尔多斯市泰宝投资有限责任公司为案例》，载于《东方企业文化》2011 年第 7 期。

［2］蔡明明、滕苗苗、孙娟娟、何于苗：《对我国公共体育服务的思考——基于公共财政的视角》，载于《福建体育科技》2016 年第 3 期。

［3］曹浩文：《京津冀基本公共教育服务差距缩小了吗？——基于 2014 至 2016 年数据的对比》，载于《教育科学研究》2018 年第 9 期。

［4］曹可强：《上海市"建设亚洲一流体育中心城市"体育经济发展战略研究》，载于《体育科研》2004 年第 1 期。

［5］曹可强：《增强公共体育服务供给能力，实现公共体育服务均等化》，载于《体育科研》2012 年第 6 期。

［6］曹荣芳：《经济视域下河北省城乡一体化公共体育服务研究》，载于《文体用品与科技》2012 年第 4 期。

［7］陈宝胜：《经济转型期我国体育产业政策理论研究》，载于《科技信息》2013 年第 3 期。

［8］陈琳：《日本体育财政及体育补贴制度的现状和展望》，载于《体育科研》2004 年第 3 期。

［9］陈颀：《中国体育事业财政投入与经济增长关系的实证研究——基于 1977～2010 年的时间序列数据分析》，载于《武汉体育学院学报》2012 年第 5 期。

［10］陈翔、陈元欣：《民生财政视角下公共体育场馆发展方式

转变》，载于《体育科研》2012 年第 6 期。

[11] 陈永安：《促进体育产业化的财税政策》，载于《财经论坛》2002 年第 7 期。

[12] 丛日旻：《大型体育赛事税收政策体系的经济影响、问题与对策》，载于《西北工业大学学报》（社会科学版）2009 年第 1 期。

[13] 党琳燕：《全民健身实施下财经类高专学生体育项目课兴趣调查研究——以河南财政税务高等专科学校为例》，载于《学校体育学》2014 年第 27 期。

[14] 党秀云、彭晓祎：《我国基本公共服务供给中的中央与地方事权关系探析》，载于《行政论坛》2018 年第 2 期。

[15] 董运来、高跃轩、王大超：《基于 DEA 模型的中国体育财政支出效率评价》，载于《沈阳师范大学学报（自然科学版）》2017 年第 3 期。

[16] 杜世雄、惠向红：《民办高校公共财政扶持政策的实施现状与改进对策——基于广东、陕西和上海三省（市）的考察》，载于《浙江树人大学学报（人文社会科学）》2018 年第 1 期。

[17] 冯国有、贾尚晖：《中国财政政策支持体育产业发展的承诺、行动、效应》，载于《体育科学》2018 年第 9 期。

[18] 冯建强、陈元香：《陕西省公共体育服务均等化浅析》，载于《体育观察》2014 年 4 月。

[19] 冯艳、邵继萍：《我国西部地区体育产业发展中投融资机制不足的分析研究》，载于《牡丹江大学学报》2017 年第 7 期。

[20] 付革、毕红星：《公共体育设施社会效益和经济效益分析》，载于《东北财经大学学报》2013 年第 6 期。

[21] 高崇：《财政投融资体制对我国体育产业的实用型分析》，载于《浙江金融》2003 年第 6 期。

[22] 高培勇、刘尚希、金碚、吴俊培、张晓山：《中国的财税体制改革之路》，载于《经济学动态》2018 年第 10 期。

［23］高培勇：《任重道远——财税体制改革 40 年的经验与启示》，载于《新理政》2018 年第 9 期。

［24］高培勇：《中国财税改革 40 年：基本轨迹、基本经验和基本规律》，载于《经济研究》2018 年第 3 期。

［25］高培勇：《中国财税改革 40 年：基本轨迹、基本经验和基本规律》，载于《中国财政》2018 年第 17 期。

［26］谷占升、乌兰托亚：《借鉴先进地区经验科学管理体育场馆——关于内蒙古体育馆财政补助方式的调研报告》，载于《前沿》2009 年第 11 期。

［27］顾爱斌：《改革基建投资方式，发展体育设施建设》，载于《上海体育学院学报》1989 年第 1 期。

［28］顾书桂：《中国城镇土地财政的经济学分析》，载于《宁夏社会科学》2018 年第 1 期。

［29］郭新艳：《体育公共服务均等化问题的蕴含表达与处理策略研究》，载于《南京体育学院学报》2018 年第 6 期。

［30］郝文博：《张家口市城乡体育公共服务均等化研究》，载于《合作经济与科技》2014 年第 11 期。

［31］何丰：《公共服务均等化视角下上海体育游憩空间扩展机制》，载于《体育科研》2014 年第 5 期。

［32］何杨、林子琨：《基于公共服务均等化目标的房地产税税率研究》，载于《税务研究》2018 年第 5 期。

［33］侯阔林：《政府税收行为与休闲体育产业的二层规划模型》，载于《安庆师范学院学报（自然科学版）》2014 年第 3 期。

［34］侯雪洁：《城乡体育基本公共服务均等化浅析》，载于《体育科技文献通报》2012 年第 1 期。

［35］胡明：《财政权利的逻辑体系及其现实化构造》，载于《中国法学》2018 年第 1 期。

［36］胡伟、程亚萍：《政府采购的性质：一种经济法上的认

识》，载于《高等函授学报（哲学社会科学版）》2004年第4期。

［37］胡文骏：《逆向财政机制：城乡收入差距的重要诱因》，载于《山西财经大学学报》2018年第3期。

［38］黄道名、王雷、杨强：《中央和地方体育事业财政拨款与经济增长：基于VAR模型的动态分析》，载于《财经科学》2014年第9期。

［39］黄雨春：《我国体育产业的资本运作模式研究》，载于《运动》2017年第1期。

［40］江国钧、蔡大树：《湖北财政体育投入模式研究》，载于《湖北财税（理论版）》2003年第12期。

［41］解福全、刘向杰：《高等职业教育财政投入优化研究》，载于《中国职业技术教育》2018年第27期。

［42］靳澜涛：《财政立宪：公共财政与国家宪政的双向互动》，载于《公共财政研究》2018年第2期。

［43］靳澜涛：《从公共财政到现代财政：政策逻辑与理论构造》，载于《公共财政研究》2018年第4期。

［44］兰自力、曹可强、骆映：《基于事权划分的公共体育服务财政保障》，载于《体育学刊》2016年第6期。

［45］李春根、王雯：《当代中国财政理念的演变——基于政府、市场和社会多元关系的视角》，载于《河北大学学报》2018年第1期。

［46］李俊杰：《公共财政体制转型视角下高等教育财政投入比例的演进逻辑》，载于《国家教育行政学院学报》2018年第10期。

［47］李俊生等：《重构政府与市场的关系——新市场财政学的"国家观""政府观"及其理论渊源》，载于《财政研究》2018年第1期。

［48］李乐乐：《增加政府公共财政支出是否有助于改善生育率？——基于OECD国家的经验分析》，载于《西南民族大学学报（人文社科版）》2018年第8期。

［49］李茂政：《中国公共财政收支结构分析》，载于《新西部》2018 年第 11 期。

［50］李书娟、李江伟：《我国体育产业投融资研究综述》，载于《湖北体育科技》2017 年第 12 期。

［51］李文记：《农村体育发展资金审计的问题与对策》，载于《体育成人教育学刊》2018 年第 5 期。

［52］李自根：《体育赞助的税收优惠与广州亚运会税收优惠政策研究》，载于《广东社会科学》2009 年第 3 期。

［53］廖逸儿、原珂：《公共财政如何促进教育公平？——基于广东省"基础教育创强"专项资金绩效评价》，载于《北京理工大学学报（社会科学版)》2018 年第 6 期。

［54］林晓珏：《体育民生推进中的市民健身活动政府补贴研究——以上海市静安区为例》，载于《体育研报》2013 年第 2 期。

［55］刘爱文：《公共财政信用扩张与外在信用货币危机探讨》，载于《贵州社会科学》2018 年第 7 期。

［56］刘保国、郭华峰：《我国社会体育财政的特征及其政策研究》，载于《内蒙古自治区第六届自然科学学术年会优秀论文集》，2011 年。

［57］刘春芝、陈英才、卢江：《体育产业的投资主体与治理模式分析》，载于《沈阳师范大学学报（社会科学版)》2010 年第 2 期。

［58］刘纪蕊：《开放教育新时代：公共财政进入农村课后服务》，载于《中国电化教育》2018 年第 8 期。

［59］刘捷：《南宁高校体育场馆建设投资模式的研究》，载于《商业文化》2008 年第 8 期。

［60］刘亮、付志华等：《成本分担视角下我国体育资金承载力预判与多元化来源研究》，载于《成都体育学院学报》2017 年第 2 期。

［61］刘隆亨、聂伟青：《加强体育立法，完善财税支撑》，载于《北京政法职业学院学报》2009 年第 1 期。

[62] 刘梅英：《经济多元化、财政公共化与"大众体育"的发展》，载于《体育成人教育学刊》2013年第3期。

[63] 刘苏：《体育公共服务均等化的实施路径研究——以财政法保障为视角》，载于《吉林体育学院学报》2012年第6期。

[64] 刘太刚：《公共管理视角下的财政本质与财政公共性——需求溢出理论的公权保障论》，载于《中国行政管理》2018年第4期。

[65] 刘祥：《经济增速换挡背景下我国体育产业投资分析》，载于《辽宁体育科技》2018年第4期。

[66] 刘玉：《公共服务均等化视野中的体育管理体制改革》，载于《上海体育学院学报》2010年第5期。

[67] 龙铂位、林慧：《我国体育产业的金融投资活动研究》，载于《纳税》2017年第35期。

[68] 陆亨伯、陆方喆、戴美仙：《论公共体育场馆民营化后经济与社会效益的均衡——基于典型体育场馆的调研》，载于《体育文化导刊》2007年第8期。

[69] 吕炜、周佳音：《国家治理视域下的公共服务供给——现实定位与路径创新》，载于《财经问题研究》2018年第3期。

[70] 吕向一、于雪晴：《公共财政预算效率提高新途径》，载于《农家参谋》2018年第23期。

[71] 罗占彪：《政府投资建设项目的社会影响与社会效益探研——以黔南师院附中体育训练馆为例》，载于《改革与开放》2013年第8期。

[72] 马蔡琛、苗珊：《全球公共预算改革的最新演化趋势：基于21世纪以来的考察》，载于《财政研究》2018年第1期。

[73] 马海涛等：《中国特色财政改革的伟大实践——改革开放40年回顾与思考》，载于《经济研究参考》2018年第43期。

[74] 马昆、原儒建、赵凤萍：《京津冀协同发展背景下河北省公共体育服务均等化发展的对策研究》，载于《河北北方学院学报》

2017 年第 2 期。

[75] 马渝、文烨：《田园城市建设中成都市公共体育服务体系构建与运行机制研究》，载于《成都理工大学学报（社会科学版）》2016 年第 2 期。

[76] 莫之军：《与省体育彩票管理中心主任周慧超先生的一席谈》，载于《湖北财税》2001 年第 3 期。

[77] 潘晓娟：《政府投资项目管理渐入佳境》，载于《中国经济报》2005 年第 6 期。

[78] 彭昱：《我国教育经费可持续发展潜在风险及应对》，载于《地方财政研究》2018 年第 11 期。

[79] 浦义俊、吴贻刚：《英国竞技体育发展方式的演进脉络及政府作用机制特征》，载于《南京体育学院学报（社会科学版）》2016 年第 2 期。

[80] 浦义俊：《对高校公共体育服务均等化的思考》，载于《南京体育学院学报（自然科学版）》2012 年第 6 期。

[81] 戚拥军、张兆国：《体育项目补贴国际经验借鉴及启示》，载于《地方财政研究》2006 年第 7 期。

[82] 秦小平、王志刚、王健：《城乡体育基本公共服务均等化发展规划制定研究》，载于《河北体育学院学报》2012 年第 1 期。

[83] 秦勇：《我国体育彩票经营管理对策研究》，载于《社科论坛》2013 年第 11 期。

[84] 冉沐娜：《举国体制下财政与竞技体育探究》，载于《中国市场》2016 年第 46 期。

[85] 饶远：《体育市场经济与公共关系效应》，载于《云南师范大学学报》1994 年第 1 期。

[86] 商劲松：《论市场经济条件下体育公共关系的结构、特点和功能》，载于《广州体育学院学报》2010 年第 5 期。

[87] 邵继萍、云锋、邵传林：《金融助推我国体育产业发展的现

状、困境与政策选择》，载于《武汉体育学院学报》2018 年第 12 期。

[88] 邵伟钰：《基于 DEA 模型的群众体育财政投入绩效分析》，载于《体育科学》2014 年第 9 期。

[89] 邵玉红：《体育彩票公益金绩效评价管理优化探讨》，载于《管理视野》2014 年第 10 期。

[90] 史小强、戴健：《北欧大众体育治理透视：制度环境、核心理念与运行机制——兼论对我国群众体育治理改革的启示》，载于《天津体育学院学报》2016 年第 3 期。

[91] 宋杰：《中部六省政府分担高等教育成本比较研究》，载于《黑龙江高教研究》2019 年第 1 期。

[92] 宋杨、刘伟：《公益性体育社团接受社会捐赠的政策条件——暨获取公益性捐赠税前扣除资格研究》，载于《体育成人教育学刊》2012 年第 5 期。

[93] 唐定：《公共体育产品的经济分析》，载于《创新论坛》2009 年第 10 期。

[94] 陶燕：《税收政策对我国体育产业发展的实效研究》，载于《财经界（学术版)》2019 年第 6 期。

[95] 田存志、李慧：《地方政府文化体育传媒标准财政支出测算研究》，载于《思想战线》2006 年第 6 期。

[96] 托达罗：《发展经济学》，机械工业出版社 2014 年版。

[97] 王爱国：《体育场馆建设——投资项目后评价》，载于《运动》2009 年第 4 期。

[98] 王朝军、孟小辉、曹刚：《我国体育公共事业经济评价探析——对定位、方法及计量误区的研究》，载于《首都体育学院学报》2009 年第 6 期。

[99] 王丹莉、武力：《改革开放以来中央与地方财政关系的演进与透视》，载于《中国党史研究》2018 年第 12 期。

[100] 王刚：《关于公共体育场馆设施的建设中引入 BOT 投资方

式的探讨》，载于《广州体育学院学报》2002 年第 3 期。

［101］王国胜、刘巍：《体育基本公共服务均等化》，载于《内蒙古体育科技（季刊）》2014 年第 2 期。

［102］王龙飞、蔡文丽：《美国职业体育税收政策及其启示》，载于《体育文化导刊》2013 年第 2 期。

［103］王敏敏：《体育财富理论与体育经济》，载于《解放军体育学院学报》2002 年第 3 期。

［104］王庆博、郭朝霞：《省级财政支持的生产性实训基地建设研究——以福建体育职业技术学院体育保健专业实训基地建设为例》，载于《职业教育研究》2013 年 6 月。

［105］王松、张凤彪、崔佳琦：《发达国家体育公共财政研究述评》，载于《体育学刊》2018 年第 5 期。

［106］王晓芳、张瑞林：《中、英、日非营利体育组织税收优惠制度比较》，载于《武汉体育学院学报》2013 年第 12 期。

［107］王晓艳：《促进体育事业与税收政策的优化》，载于《税务研究》2013 年第 339 期。

［108］王义为：《河南省城乡公共服务均等化现状与对策》，载于《濮阳职业技术学院学报》2019 年第 4 期。

［109］王钊、谭建湘：《广州市公共体育场馆公益性开放财政补贴措施研究》，载于《体育学刊》2018 年第 6 期。

［110］王志宇：《公共财政教育经费规模与就业的相关性研究》，载于《经济问题》2018 年第 5 期。

［111］王智宽：《公共财政支出绩效评价体系的研究》，载于《中国市场》2019 年第 22 期。

［112］魏鹏娟：《我国体育赞助税收政策研究》，载于《西安体育学院学报》2013 年第 6 期。

［113］温丙顺、周善阳等：《江苏苏南地区群众体育财政投入绩效评价指标体系研究》，载于《当代体育科技》2017 年第 34 期。

［114］翁飚等:《我国体育用品生产企业的费税问题及对策研究》,载于《福建体育科技》2003年第6期。

［115］吴瑞溢、杨京钟:《泉州休闲体育业税收优惠激励的灰色关联评价》,载于《黎明职业大学学报》2013年第78期。

［116］吴筱珍、刘玉:《体育公共服务均等化评估体系研究》,载于《赤峰学院学报(自然科学版)》2012年第3期。

［117］武靖州:《公共财政支持精准扶贫的机制优化研究》,载于《理论月刊》2018年第1期。

［118］习俏彬:《中国财政40年:从生产建设型财政、公共财政到现代财政之路》,载于《行政管理改革》2018年第11期。

［119］肖琴、汤长发:《体育财政投入对经济发展水平影响的门槛效应——基于PSTR模型的分析》,载于《财经理论与实践》2018年第6期。

［120］谢静月:《江苏省政府财政体育投入绩效评价研究的路径选择》,载于《运动》2016年第23期。

［121］杨帆:《新常态下推动我国体育产业发展的积极的体育财政政策研究》,载于《沈阳体育学院学报》2018年第3期。

［122］杨京钟、吕庆华、易剑东:《中国体育产业发展的税收激励政策研究》,载于《北京体育大学学报》2011年第3期。

［123］杨京钟、吕庆华、易剑东:《中国体育用品业经济活动中的税收问题研究》,载于《北京体育大学学报》2012年第11期。

［124］杨京钟:《我国体育用品产业税收政策评析》,载于《体育文化导刊》2012年第12期。

［125］杨京钟:《中国体育用品业税收政策研究》,载于《吉林体育学院学报》2012年第2期。

［126］杨明:《我国公共体育服务标准体系构建研究》,载于《武汉体育学院学报》2017年第1期。

［127］杨倩:《我国体育赛事经纪类企业所得税税收筹划的若干

思考》，载于《天津体育学院学报》2007 年第 2 期。

[128] 杨叶坤、陈丹丹、李国岳：《绿道体育服务均等化的财税扶持政策》，载于《甘肃联合大学学报》2013 年第 3 期。

[129] 姚宗雄：《促进我国居民体育消费的财税政策》，载于《宁德师专学报》2010 年第 2 期。

[130] 叶金育：《体育产业发展中的财税政策工具：选择、组合与应用》，载于《体育科学》2016 年第 6 期。

[131] 一兵：《加拿大对美国体育画刊课重税》，载于《出版参考》1995 年第 4 期。

[132] 游庆：《税收对促进我国公共体育场馆运营策略研究》，载于《中国乡镇企业会计》2014 年第 1 期。

[133] 余守文、王经纬：《中、美两国体育产业财税政策比较研究》，载于《体育科学》2017 年第 10 期。

[134] 云欣、贾文彤、齐文华：《体育公共服务均等化研究述评与思考》，载于《当代体育科技》2012 年第 7 期。

[135] 张保华、李江帆：《中国体育产业在国民经济中的地位和作用研究》，载于《体育科学》2007 年第 4 期。

[136] 张斌：《浅析税收激励政策提升我国体育产业发展的实效研究》，载于《中国乡镇企业会计》2014 年第 3 期。

[137] 张倩倩、秦伟：《基于财政投入视角的上海市体育公共服务均等化政策分析》，载于《体育科研》2017 年第 4 期。

[138] 张同斌、张敏晗：《县级财政负担、公共服务供给与经济增长效应》，载于《浙江社会科学》2018 年第 2 期。

[139] 张文静：《小小彩票牵动万人心》，载于《经济》2006 年第 4 期。

[140] 张岩、梁晓龙：《体育经济问题若干理论观点的综述》，载于《成都体育学院学报》1996 年第 2 期。

[141] 张益增：《挖掘公共体育设施固定资产最大经济效益的投

资决策研究》，载于《内蒙古体育科技》2011 年第 2 期。

[142] 张宇晗：《财政学界在公共财政建设中的作用与担当探讨》，载于《纳税》2019 年第 4 期。

[143] 张振华：《市场经济对公共体育的影响与变迁》，载于《北京体育大学学报》2004 年第 7 期。

[144] 赵灵峰：《我国体育彩票公益金分配管理中存在的问题及改进建议》，载于《海南金融》2009 年第 3 期。

[145] 赵庆艳：《加强公共财政体制下财政监督的思考》，载于《财会学习》2018 年第 34 期。

[146] 赵旖旎、郑芳：《国内外职业体育俱乐部财政政策研究述评》，载于《浙江体育科学》2014 年第 1 期。

[147] 赵豫：《体育彩票性质新论》，载于《武汉体育学院学报》1998 年第 4 期。

[148] 郑传锋、梁茹霞、雷敏：《探讨我国体育公共服务均等化问题——以西安市为例》，载于《体育科技》2016 年第 1 期。

[149] 郑建龙：《山东省财税系统职工体育协会成立》，载于《财政》1990 年第 5 期。

[150] 郑美艳、王正伦：《大型公共体育设施国民经济评价研究——概念性框架与评价方法》，载于《南京体育学院学报》2008 年第 5 期。

[151] 周东华、兰自力：《我国公共体育服务财政政策法规发展脉络、执行现状及对策研究》，载于《山东体育学院学报》2017 年第 6 期。

[152] 周东华、夏云建、兰自力：《我国公共体育服务财政政策研究综述》，载于《现代商业》2016 年第 8 期。

[153] 周良君、叶英琪等：《广州公共体育场馆经济效益分析》，载于《体育文化导报》2011 年第 8 期。

[154] 周庆智：《基层公共财政建构的社会治理转型含义》，载于《学习与探索》2018 年第 9 期。

[155] 朱丽红：《北方地区城乡体育公共服务均等化的发展前景分析》，载于《品牌》2014 年第 10 期。

三、学位论文类

[1] 董彦斐：《经济发达地区县（市）级政府提供体育公共服务能力实证研究——以张家港市为例》，苏州大学硕士论文，2014 年。

[2] 窦贝贝：《山东省县域体育基本公共服务均等化研究》，山西师范大学博士论文，2014 年。

[3] 范宏伟：《公共体育服务均等化研究》，北京体育大学博士论文，2010 年。

[4] 方雪默：《我国公共体育场馆财政政策研究》，北京体育大学硕士论文，2016 年。

[5] 高奎亭：《城乡体育公共服务均等化评价指标体系构建研究》，南京师范大学硕士论文，2013 年。

[6] 龚昱文：《农村体育公共服务有效供给及财政政策研究》，首都体育学院硕士论文，2014 年。

[7] 何远秀：《国家大型体育赛事场馆民间投资模式及持续经营实证研究》，昆明理工大学硕士论文，2006 年。

[8] 黄小云：《我国体育公共财政支出区域差距与收敛性研究》，华中师范大学硕士论文，2016 年。

[9] 蒋夷航：《基于湖北恒"两圈一带"主体功能区建设的体育公共服务的均等化研究》，武汉体育学院硕士论文，2013 年。

[10] 康宇光：《中国体育彩票竞猜信息管理系统的设计与实现》，吉林大学硕士论文，2012 年。

[11] 孔文莹：《我国体育彩票不同管理模式比较及发展构想》，武汉体育学院硕士论文，2009 年。

[12] 李丽朋：《湖北省竞技体育财政投资效益综合评价研究》，

武汉体育学院硕士论文，2008 年。

[13] 李锡朋：《我国体育公共服务均衡化之财政法保障》，安徽大学硕士论文，2010 年。

[14] 梁明：《新时代中国特色社会主义体育强国建设研究》，吉林大学博士论文，2018 年。

[15] 梁永：《大型体育赛事运动员村投资管理模式的比较分析》，华南理工大学硕士论文，2010 年。

[16] 刘贵传：《我国体育产业投资基金发展模式研究》，华东师范大学硕士论文，2009 年。

[17] 卢晓梅：《我国体育产业投资基金发展模式研究》，北京体育大学博士论文，2000 年。

[18] 鲁建仁：《我国体育彩票业的管理体制及运作模式的研究》，安徽师范大学硕士论文，2006 年。

[19] 罗玉：《基于 Ajax 的四川省体育彩票管理中心办公系统的设计与实现》，北京交通大学硕士论文，2008 年。

[20] 倪晓燕：《加拿大体育局体育财政资助模式的研究》，北京体育大学硕士论文，2009 年。

[21] 彭莉等：《体育基础设施融资及经营补贴机制研究》，江西财经大学硕士论文，2012 年。

[22] 秦丽鹏：《上海市体育彩票专管员队伍管理现状及对策研究》，上海体育学院硕士论文，2013 年。

[23] 沈克印：《当代中国体育经济伦理的理论与实践研究》，南京师范大学博士论文，2011 年。

[24] 沈政：《论分级政府财政体制下的我国公共体育服务体系构建》，北京体育大学博士论文，2016 年。

[25] 宋乾：《基于虚拟经济理论的体育产业发展研究》，北京林业大学硕士论文，2009 年。

[26] 孙明鑫：《经济发达县市城乡体育公共服务一体化研究——

以山东省龙口市为例》，曲阜师范大学硕士论文，2011年。

[27] 汤际澜：《我国基本公共体育服务均等化研究》，苏州大学博士论文，2010年。

[28] 腾键：《甘肃省体育彩票管理中心营销策略研究》，兰州大学硕士论文，2013年。

[29] 王海波：《山东省体育公共服务均等化现状及其评价研究》，曲阜师范大学硕士论文，2013年。

[30] 王翔：《我国体育彩票经营管理体制的研究》，华中师范大学硕士论文，2009年。

[31] 王莹：《山东省政府投资公共体育场馆建设项目治理模式研究》，山东大学硕士论文，2010年。

[32] 王誉颖：《公共财政视角下对美、英、澳三国公共体育支出的分析研究》，山东体育学院硕士论文，2017年。

[33] 徐鑫：《昆明市体育设施建设的环境分析与投资风险管理研究》，昆明理工大学硕士论文，2007年。

[34] 严庆：《湖北省体育公共服务均等化财政保障机制的研究》，武汉体育学院硕士论文，2013年。

[35] 于美至：《陕西省公共体育服务均等化现状及对策研究》，西安体育学院硕士论文，2013年。

[36] 云志刚：《中国体育彩票运营管理模式研究》，内蒙古大学硕士论文，2013年。

[37] 张策宇：《中国体育彩票管理模式分析》，北京体育大学硕士论文，2011年。

[38] 张树滑、杨放：《公共体育课程建设对高职高专人才职业能力培养的影响研究——以北部湾经济区域内服务贸易类人才为例》，广西民族大学硕士论文，2011年。

[39] 张玉：《价值理论视野下大型体育赛事经济收益评价指标体系研究》，南京师范大学硕士论文，2011年。

［40］张云鸿：《深圳经济特区公共体育场馆经营管理模式研究》，东北师范大学硕士论文，2006年。

［41］赵跃：《重庆市城乡体育公共服务均等化研究》，西南大学硕士论文，2013年。

［42］郑美艳、王正伦、张艳：《大型公共体育设施国民经济评价概念性框架与实施方法研究》，专题报告论文摘要，2010年。

［43］郑美艳：《短缺时代的理性——大型公共体育设施国民经济评价必要性与实施方法初探》，南京体育学院硕士论文，2008年。

［44］朱德慧：《我国即开型体育彩票授信管理模式的构建》，北京体育大学硕士论文，2011年。